AF633711

Études Psychanalytiques

Collection dirigée par Alain Brun et Joël Bernat

La collection *Études Psychanalytiques* veut proposer un pas de côté et non de plus, en invitant tous ceux que la praxis (théorie et pratique) pousse à écrire, ce, « hors chapelle », « hors école », dans la psychanalyse.

Dernières parutions

Christiane SCHAFFNER, *Fertilité de la psychanalyse contemporaine, Entretiens avec Sylvie Faure-Pragier*, 2020.
Liliane FAINSILBER, *Des poètes, des mystiques et des psychanalystes, essai sur l'écriture*, 2020.
Bernard ROBINSON, *La transmission clinique*, 2019.
Jean-Paul MATOT, *L'homme décontenancé. De l'urgence d'étendre la psychanalyse*, 2019.
Cléopâtre ATHANASSIOU-POPESCO, *Étude du noyau narcissique primaire en psychanalyse d'enfant*, 2019.
Jeanne DEFONTAINE, *Dérives perverses dans le couple et blessures d'enfance*, 2019.
Françoise PEYPOUDAT, *Regards psychanalytiques sur la formulette de tradition orale, Les enjeux de la transmission,* 2019.
Nafissa BOUKERCHE-DELMOTTE, *Clinique et politique de la douleur*, 2019.
Cléopâtre ATHANASSIOU-POPESCO, *L'organisation du moi, À propos du parasitisme,* 2019.
Julien MAUCADE, *La radicalisation ou La résurrection du père par le fanatisme*, 2018.
Jean-Tristan RICHARD, *Handicaps, institutions et psychanalyse*, 2018.
Béatrice BÉRARD, Lydie CAMUS, Laurent KOELBLEN, Marie-Sarah NÉJADI, Dorit PERL, Christine ZIMAMOU-PRIGENT, *Perversion – Variations sur un thème*, 2018.
Catherine COMBASE, *Histoire de Psyfa – Psychanalyse et famille*, 2018.
Radu CLIT, *Du trauma à l'écriture, un point de vue sur la création littéraire de Herta Muller*, 2018.

LE SOI-DISSÉMINÉ

© L'Harmattan, 2020

5-7, rue de l'École-Polytechnique, 75005 Paris

http://www.editions-harmattan.fr

ISBN : 978-2-343-20303-4
EAN : 9782343203034

Jean-Paul Matot

Le Soi-disséminé

Une perspective écosystémique et métapsychologique

Préface de Bernard Golse

L'Harmattan

Du même auteur :

Matot J-P., Frisch-Desmarez Ch. (dir) : *Les premiers entretiens thérapeutiques avec l'enfant et sa famille.* Dunod, Paris, 2007, 273 p. (publié en italien en 2010 : *I primi colloqui terapeutici con il bambino e la sua famiglia.* Alpe, Roma, 2010, 261 p

Matot J-P. : *La construction du sentiment d'exister.* L'Harmattan, Paris, 2008, 254 p.

Matot J-P., Roussillon R. (dir) : *La psychanalyse : une remise en jeu.* Presses Universitaires de France, Paris, 2010

Matot J-P : *L'enjeu adolescent.* Presses Universitaires de France, Paris, 2012 (traduction italienne *La sfida adolescente*, Alpes, 2015)

Matot J-P. : *L'Homme décontenancé. De l'urgence d'étendre la psychanalyse.* Paris, L'Harmattan, 2019.

Préface de Bernard Golse

Merci à Jean-Paul Matot de m'avoir proposé d'écrire la préface de son nouveau livre, mais merci surtout à lui de l'avoir écrit.

Je connais bien Jean-Paul Matot depuis de nombreuses années car il est très engagé au niveau de l'Association Européenne de Psychopathologie de l'Enfant et de l'Adolescent (AEPEA) que je préside depuis 2014 et au sein de laquelle il occupe désormais un rôle essentiel au niveau de notre bureau associatif.

Je sais donc son engagement pour la psychopathologie et notamment pour sa composante psychanalytique.

Ce texte de Jean-Paul Matot me semble essentiel et innovant.

Essentiel face aux attaques incessantes envers la psychanalyse (et envers la psychanalyse dans le cadre de l'autisme en particulier) qui masquent mal une attaque contre le soin psychique en général ainsi qu'une attaque contre les sciences humaines dans leur ensemble ce qui est également désastreux !

Mais également innovant pour la raison suivante.

Nombre d'écrits psychanalytiques actuels ont en effet plus souvent une fonction de réassurance identitaire pour des praticiens insécurisés par les attaques évoquées ci-dessus, qu'ils n'ont une fonction de véritable créativité conceptuelle.

Ceci est dommage, mais c'est tout de même ce que l'on peut constater.

Jean-Paul Matot, au contraire, nous propose d'authentiques nouvelles pistes de pensée pour une psychanalyse vivante au XXIème siècle, et il me semble que nous en avons terriblement besoin.

Si l'on a pu parler, autrefois, d'une société schizophrénique (fonctionnant, selon les termes de D.W. Winnicott, comme une « collection d'isolés ») ou dépressive (avec le concept de « bof-génération »), aujourd'hui, à regarder de près ce qui se passe, on pourrait se demander si le fonctionnement de nos sociétés ne s'est pas progressivement organisé plutôt sur un mode borderline...

J'entends par là que la psychopathologie est en grande difficulté en ce moment dans la mesure où dans le champ de l'enfance, mais pas seulement, les troubles mentaux sont désormais envisagés soit en termes purement neuro-développementaux (pour ne pas dire neurologiques !), soit en termes de simples conséquences de traumatismes externes, actuels ou plus ou moins anciens.

Dans ces conditions, tout se passe alors comme s'il n'y avait plus de place pour la réalité psychique ou pour le monde interne, et donc pour la psychopathologie dont l'objectif central est, précisément, de comprendre (prendre ensemble) la souffrance psychique en nouant de manière étroite le rôle des facteurs internes (biologiques et notamment génétiques) et celui des facteurs externes (les effets de rencontre avec l'environnement) propres au développement et à la biographie de chaque sujet.

Telle est l'essence même du fonctionnement borderline ou limite qui vient cliver avec insistance l'endogène de l'exogène, et qui tente inlassablement de réduire à leur portion congrue l'espace psychique et le travail d'élaboration interne.

Tout ne se résume pourtant pas, tant s'en faut, à la question des troubles neuro-développementaux et au syndrome de stress post-traumatique !

J'attache donc la plus grande importance au concept de « Soi disséminé » que Jean-Paul Matot nous propose aujourd'hui car c'est non seulement un concept qui réinterroge les paradigmes ontologiques de la psychanalyse, mais c'est aussi un concept qui fait force de proposition sur le plan métapsychologique et qui vise à situer le sujet comme composante à part entière de son système écologique global.

En dehors de ses travaux bien connus sur l'adolescence[1], il me semble que ce nouvel ouvrage poursuit la réflexion

[1] Matot J-P. (2012), *L'enjeu adolescent. Déconstruction, enchantement et appropriation de soi*

entamée par Jean-Paul Matot dans certaines de ses publications précédentes : *La construction du sentiment d'exister* (2008), *La psychanalyse : une remise en jeu* (2010) et *L'homme décontenancé* (2019).

Il me semble qu'il y a la fois dans cette trajectoire conceptuelle le désir d'ouvrir la psychanalyse à la prise en compte de l'environnement dans son sens le plus large et de proposer une nouvelle métapsychologie qui puisse tenir compte de cette ouverture.

L'idée centrale me semble être, en effet, celle d'une conception de l'humanité non dissociable de son environnement qui nous oblige à ne pas nous focaliser de manière trop restreinte et restrictive à l'entité sujet/objet traditionnelle.

Dans la première partie de l'ouvrage, Jean-Paul Matot rappelle très tôt la position de Ph. Descola (anthropologue titulaire de la chaire « d'anthropologie de la nature » au Collège de France) selon lequel cette séparation sujet/objet serait en fait constitutive de ce que l'on peut désigner comme une « ontologie naturaliste ».

A partir de là, Jean-Paul Matot cherche tout d'abord à réinterroger les paradigmes ontologiques de la psychanalyse, et les propositions métapsychologiques qui en découlent font l'objet de la deuxième partie de l'ouvrage.

Alors que le désastre écosystémique est devenu criant (à l'heure où j'écris ces lignes, l'épidémie du virus Covid-19 bat son plein !), Jean-Paul Matot nous rappelle utilement que certains auteurs avaient crié gare depuis longtemps, tel Harold Searles, mais que les psychanalystes n'avaient pas voulu les entendre et/ou en tenir compte.

L'homme fait partie d'un tout, et notre angle de vision ne doit pas être trop étroit.

D'où le concept de Soi disséminé comme ancrage de la réflexion sur la pluralité des enveloppes et de l'éloge d'une non-différenciation porteuse de potentialités transformatrices à l'image, peut-être, des cellules-souches dites pluripotentes ?

Les considérations de Jean-Paul Matot l'amènent tout naturellement, dans cette première partie, à revisiter les problématiques de la destructivité, de l'omnipotence et de la dimension psychosomatique.

Que l'on ne s'y méprenne pas : la lecture de cette première partie n'est pas mélancoligène même s'il y est nommément question de « mélancolie environnementale » et elle me semble au contraire plutôt stimulante et roborative !

Quant à la deuxième, c'est ni plus ni moins une invitation à repenser la métapsychologie à l'aune d'un Soi disséminé au-delà de la structure focalisée du sujet et de l'objet.

Il ne s'agit en rien de dilution dans un Grand Tout qui renverrait au « sentiment océanique » tel que le conçoit S. Ferenczi[2] en pensant au fœtus, mais plutôt d'une diffraction du Soi au-delà des simples enveloppes corporelles ?

Cela évoque les travaux déjà anciens de M. de M'Uzan[3] sur « l'extra-territorialité du Je » mais en les étendant au-delà du seul registre interpersonnel.

On pense alors à une théorie d'un Soi élargi et non plus d'un Soi restreint, un petit peu comme J. Laplanche l'a proposé pour la séduction à l'instar de la démarche d'A. Einstein quant à la relativité (d'une théorie de la relativité restreinte à une théorie de la relativité généralisée).

Cette expansion du Soi au-delà de nos limites corporelles et psychiques montre bien qu'il ne s'agit pas d'une instance intrapsychique comme le Moi mais bien d'une vision particulière des liens entre le Moi et le monde qui l'entoure et auquel il appartient.

La notion de « Soi disséminé » s'oppose ainsi à toute localisation du psychisme et Jean-Paul Matot s'appuie sur

---

[2] Ferenczi S., Thalassa, essai sur la théorie de la génitalité, 250-323, In : *Psychanalyse 3/Œuvres complètes/Tome III (1919-1926)*, Payot, Coll. « Science de l'homme », Paris, 1982

[3] M'Uzan (M. de), « S.J.E.M. », 151-163, in *De l'art à la mort*, Gallimard, « Tel », Paris, 1977

cette affirmation de Jean-Claude Ameisen : « L'idée même de fonction est indissociable de la notion de contexte ».

A partir de là, la réflexion de Jean-Paul Matot se centre presque inéluctablement sur les liens en tant qu'entre-deux ou interface, qu'il s'agisse d'espaces transitionnels ou de réseaux de phénomènes transitionnels, et il est ainsi en quête d'un renouveau métapsychologique plaidant pour une métapsychologie qui ne soit plus prisonnière des frontières du couple sujet/objet habituel.

Et c'est là que je voudrais apporter ma modeste contribution à cette réflexion très dynamisante et dynamique.

Si, pendant longtemps, sur le plan méthodologique, les biologistes et les neuroscientifiques ont eu tendance à considérer le cerveau en lui-même, c'est-à-dire hors relation et de manière isolée, un peu comme d'autres organes, on assiste depuis peu à la naissance d'une sorte de « biologie de la relation » (J.-D. Vincent[4]), comme en témoignent un certain nombre de travaux biologiques dans le champ de l'imitation ou de l'attachement.

De ce fait, les biologistes et les neuroscientifiques dans leur ensemble, ont opéré le même mouvement – mutatis mutandis - que celui auquel avaient procédé les psychanalystes quand ils sont passés de la théorie de la pulsion (dans sa version la plus endogène) à la théorie des relations d'objet (dans sa version la plus exogène), changement d'optique qu'il ne faut toutefois pas trop schématiser ou radicaliser.

Tout ceci fait que psychanalystes et neuroscientifiques se retrouvent aujourd'hui sur le terrain commun des liens, avec le succès que l'on sait du concept d'intersubjectivité.

Ce qui m'amène alors à la question de la représentation d'objet, ce que je fais tout naturellement de ma place de clinicien psychanalyste du tout-petit.

Qu'entend-on précisément par représentation d'objet ?

---

[4] J.-D. Vincent, *Biologie des passions*, Éditions Odile Jacob, Paris, 2002

Depuis peu, je propose l'idée que la représentation d'objet gagne à être déployée, diffractée, décomposée en trois niveaux distincts : la représentation de la place de l'objet, la représentation des liens avec l'objet et la représentation de l'objet en tant que tel, étant entendu que la représentation de la place de l'objet est première (peut-être innée ?) et que la représentation des liens conditionne, précède et prépare la représentation de l'objet qui est plus tardive dans le cours du développement précoce.

La représentation de la place de l'objet renvoie aux préconceptions de W.R. Bion[5] et au registre du virtuel tel que l'étudie aujourd'hui un auteur comme S. Missonnier[6] et à ce sujet, il est intéressant de rappeler ce que Darian Leader[7] nous apprend dans son livre sur l'art, à savoir qu'il n'y a jamais eu plus de visiteurs au Louvre qu'entre 1911 et 1913, période pendant laquelle seule était visible la place vide laissée par la Joconde qui avait été … l'objet d'un vol !

C'est dire l'importance fortement mobilisatrice de la place de l'objet.

Quant aux représentations des liens avec l'objet, on peut dire qu'elle précède de loin l'instauration de la représentation de l'objet ce qui ouvre sur une métapsychologie du lien et peut-être sur l'avènement d'une troisième topique nécessaire pour penser la psychanalyse avec les bébés et avec les patients autistes par exemple[8].

---

5 Bion W.R. (1962), *Aux sources de l'expérience*, P.U.F., Coll. « Bibliothèque de Psychanalyse », Paris, 1979 (1ère éd.)

6 Missonnier S., *Devenir parent, naître humain. La diagonale du virtuel*, P.U.F., Coll. « Le fil rouge », Paris, 2009.

7 Leader D., *Ce que l'art nous empêche de voir*, Petite Bibliothèque Payot, paris, 2011

8 Golse B. et Missonnier S., Plaidoyer pour une troisième topique – Une représentation intrapsychique du lien intersubjectif avant même la découverte de l'objet, In Analysis (sous presse)

Cette troisième topique, déjà explorée dans divers champs par des auteurs comme B. Brusset[9,10], Ch. Dejours[11,12] et R. Kaës[13], ne saurait être qu'une topique des liens et de leurs représentations intrapsychiques.

Cette topique des liens permet de mieux se représenter des demandes de patients peu ou pas différenciés (les bébés et les autistes par exemple) et qui ne peuvent donc adresser une demande (manifeste ou latente) à un objet précis.

Il s'agirait en quelque sorte d'une demande intransitive, non objecto-adressée, d'une demande traduisant un mouvement vers le dehors propre à tout organisme vivant qui oscille en permanence et de manière dialectique entre une avancée vers le dehors et une possibilité de retrait.

C'est là, me semble-t-il la dynamique inhérente au Soi disséminé, fondamentalement lié à ses alentours et en quête réflexive de la représentation de ses liens avec un au-delà de lui-même.

On ne peut guère ressortir de la lecture de cet ouvrage sans réfléchir à la fenêtre d'observation que nous nous choisissons pour nos modélisations théorico-cliniques.

Merci encore à Jean-Paul Matot de nous aider à prendre conscience du fait que sans ce questionnement, c'est non seulement la métapsychologie qui risque de se dessécher, de se rétracter sur un créneau limité aux frontières anatomiques du sujet et de l'objet, et finalement de disparaître, mais c'est aussi une occasion qui serait manquée d'interroger nos liens avec l'ensemble du monde qui nous entoure.

---

[9] Brusset B., *Psychanalyse du lien (La relation d'objet)*, Éditions Le Centurion, Paris, 1988

[10] Brusset B., Métapsychologie des liens et troisième topique, *Revue Française de Psychanalyse*, 2006, LXX, 5, 1213-1282

[11] Dejours Ch., *Le corps entre biologie et psychanalyse*, Payot, Paris, 1986

[12] Dejours Ch., *Le corps d'abord*, Payot, Paris, 2002

[13] Kaës R., D'une troisième topique à une métapsychologie de troisième type, 203-214, In : *L'extension de la psychanalyse – Pour une métapsychologie de troisième type* (R. KAES), Dunod, Paris, 2015

Ce monde, s'il veut éviter des catastrophes socio-politiques dommageables – et s'il en est encore temps - a besoin désormais d'être pensé par la psychanalyse, mais par une psychanalyse vivante et ouverte sur des changements d'objectifs et de diaphragme pour conclure ici par un vocabulaire de type photographique.

Avant-propos

Un rêve cycladique

Il fait chaud, même la nuit, par cet été cycladique où je remets ce livre sur le métier. L'aube approchant, après les vents tourbillonnants qui ont peiné à s'établir au Nord, sous la dominance bienfaisante du *meltemi* - si toutefois il modère ses ardeurs -, je reste coincé dans un rêve sans parvenir à m'éveiller.

Je suis invité à donner une conférence dans l'hôpital où, étudiant en médecine, j'ai effectué, voici plus de quarante ans, mes premiers stages en psychiatrie ; tout a beaucoup changé, les pavillons de l'époque ont cédé la place à d'imposantes salles, vides, hautes comme de modernes cathédrales. J'ai garé ma voiture sur le campus, à proximité de l'endroit où doit se dérouler la conférence. Lorsque j'arrive sur les lieux, je constate qu'il ne s'agit pas à proprement parler d'un auditoire, mais plutôt d'une sorte de très grand hall, avec des terrasses en hauteur sur plusieurs étages. Il y a du monde pour m'écouter, j'entends le bruit des conversations, sans voir personne : il semble que tous ces gens se trouvent sur ces différentes terrasses, mais trop loin pour que je puisse les distinguer. M'effleure la question de savoir si l'acoustique est suffisamment bonne pour qu'ils m'entendent, mais je ne m'y attarde pas, préoccupé par ce que je vais raconter. Les organisateurs m'ont dit que le thème du cycle en cours est l'expérience carcérale. Je n'ai guère d'expérience en la matière, les seules fois où je me suis rendu dans une prison, c'était pour rendre visite à un de mes patients incarcérés qui allait très mal. J'ai donc décidé de parler des toxicomanes, ce qui a été accepté. Je ne sais plus très bien quel rapport j'avais établi entre les deux, si ce n'est que certains toxicomanes que j'avais rencontrés dans ma carrière avaient fait quelques séjours en prison. Quoiqu'il en soit, j'ai décidé de parler très simplement de mon expérience clinique avec des patients toxicomanes. Et je parle donc, l'auditoire semble m'écouter, bien que des bruits de conversations continuent à me parvenir. Puis je m'aperçois que des groupes semblent se déplacer, s'éloigner, passant d'une terrasse à l'autre, d'une salle à l'autre. Je m'efforce de suivre le mouvement, pour rester en contact avec les différents groupes d'étudiants qui semblent être répartis à des endroits variés de ce qui m'apparaît de plus en plus comme une de ces villes futuristes figurées dans des bandes dessinées, mis à part le fait que je ne vois toujours personne. J'ai toutefois conscience de m'éloigner beaucoup de l'endroit où j'ai garé ma voiture, me demandant avec une certaine inquiétude comment j'allais la retrouver dans ce parcours monumental où m'emmenait mon itinéraire discursif. La conférence d'ailleurs se termine, car il est l'heure, bien que je n'aie pas le sentiment d'être véritablement arrivé au bout de mon propos. Cela ne semble cependant préoccuper personne, et, donc, moi non plus. Nous nous trouvons devant un bâtiment pavillonnaire du style que j'avais connu par le passé, les organisateurs et les participants s'égayent par petits groupes, des voitures garées démarrent, je reconnais plusieurs collègues avec qui j'ai eu affaire, sans grand plaisir, au cours de ma carrière, dont un chef de service de l'hôpital académique qui s'éloigne dans une voiture de luxe futuriste ressemblant à une Batmobile. Je me rends compte qu'il est probablement prévu que j'aille déjeuner avec eux, mais personne ne m'y invitant explicitement, je me dis que si, en plus, ils m'emmènent dans un restaurant éloigné, j'aurai encore plus de mal, et encore moins de temps, pour retrouver ma voiture, qui à l'évidence ne se trouve pas là. Me voici donc essayant de refaire, en sens inverse, le chemin aléatoire suivi au cours de mon exposé, mais me rendant rapidement compte que je ne reconnais aucun des lieux par lesquels je passe, avec même l'impression de m'égarer de plus en plus. Finalement, j'arrive dans une zone surplombant des tunnels autoroutiers et ferroviaires, qui font penser à la banlieue d'une grande ville, remarquant au passage que l'une des voies est occupée par une file de véhicules multicolores, que je date des années soixante, période beatnik californienne. Je monte ensuite un long escalier, pour me retrouver sur une place assez animée, d'où partent des ruelles plus sombres, d'allure malfamées, le long desquelles sont affalés des groupes de jeunes hommes et femmes paraissant désœuvrés. Je demande à une jeune femme qui attend sur la place de m'aider à m'orienter, ce dont elle semble incapable, malgré sa bonne volonté, ne sachant pas elle-même où elle se trouve ni où elle va, mais ne semblant nullement s'en préoccuper. Je me rends compte que je risque de mettre énormément de temps à retrouver ma voiture, et peut-être même d'avoir au bout du compte à y renoncer. Repoussant cette possibilité, je m'engage dans une des ruelles, au hasard, attentif cependant à évaluer de possibles velléités agressives des agrégats humains disséminés … je poursuis mon errance, de plus en plus découragé quant à la chance de retrouver la voiture avec laquelle je suis venu … tout en me disant que je ferais aussi bien de me réveiller, car à l'évidence je perds mon temps … mais retenu cependant par l'idée que, si je quitte ce lieu du rêve, je perdrai définitivement toute chance de retrouver l'endroit où j'ai laissé ma voiture … cela dure un certain temps, sans qu'il ne se passe plus rien dont je me souvienne …

Je me suis pourtant réveillé, c'est du moins ce que je crois … mais je ne sais vraiment plus où j'ai bien pu laisser ma voiture ! Heureusement, elle est toujours garée là, devant la maison … elle a appartenu à ma mère, décédée voici bientôt 18 ans, et termine aujourd'hui sa carrière sur une île grecque … mais était-ce celle-là, dans mon rêve … l'ai-je su ?

Pardonne-moi, lecteur, de souhaiter néanmoins que tu poursuives la lecture de ce qui suit …

Milos, juillet 2019

Introduction

Réinterroger les paradigmes ontologiques de la psychanalyse

Mobiliser largement et durablement l'apathie suicidaire de l'humanité face à la destruction de nos écosystèmes, en particulier au sein des sociétés occidentales, implique une réflexion profonde sur ce qui l'a rendue possible. La psychanalyse, qui tout au long du 20è siècle a enrichi la pensée occidentale de compréhensions nouvelles des modes d'agir, de penser et d'être de l'homme, devrait être en mesure d'apporter des contributions pertinentes à une telle réflexion qui, à l'évidence, doit impliquer l'ensemble des champs du savoir.

Dans un ouvrage récent, le psychanalyste suisse Luc Magnenat (2019)[14] aborde la question en privilégiant, à partir d'une lecture se référant aux travaux du psychanalyste anglais Wilfred R. Bion (1897-1979), deux axes de réflexion :

1°) les manifestations de cette destruction de l'écosystème constitueraient des espaces de projection des zones de « désastre », liés aux avatars, plus ou moins importants selon les individus, de la construction de la personnalité de tout humain dans la rencontre avec l'environnement maternant. Les défenses contre la massivité de cette angoisse seraient de l'ordre de la symbiose décrite par le psychanalyste argentin José Bleger (1922-1972), réalisant une immobilisation de cette angoisse. Nous oscillerions ainsi entre deux versants d'un clivage, avec d'un côté des moments de prise de conscience, et de l'autre un déni de notre destructivité et de ses sources infantiles.

2°) une « mélancolie environnementale » s'imposant dans notre rapport à cet « hyperobjet » qu'est l'écosystème, se traduisant par une haine à l'égard de nos rivaux fraternels et générationnels : les autres espèces, animales et végétales, les générations à venir ; mais aussi à l'égard de ce « lait nourricier » que sont les ressources de l'écosystème que nous dilapidons. Cette haine destructrice susciterait une culpabilité secondaire

---

14 Magnenat L. (2019, dir.), *La crise environnementale sur le divan* ; Paris, In Press, pp 145-248

et un sentiment de vide comme effet de notre activité meurtrière (Magnenat, 2019, p. 201).

Ces deux hypothèses pertinentes poussent les concepts psychanalytiques de Bion du côté d'une nouvelle théorie sociale fondée sur la psychanalyse post-kleinienne ; cependant il me semble qu'elles questionnent peu les limites mêmes des théories psychanalytiques.

Le propos de cet essai est de rassembler quelques éléments, issus de travaux personnels récemment publiés (Matot, 2019)[15], d'une conception de l'humanité non-dissociable de son environnement, ce qui suppose une prise de distance à l'égard d'une ontologie « naturaliste » (Descola, 2005), prédominante dans les sociétés occidentales, fondée sur la séparation sujet/objet héritière de la philosophie des Lumières. En effet, dès lors que cette ontologie tend, avec la globalisation du capitalisme financier, à s'imposer comme modalité unique du rapport entre l'Homme et son milieu, elle produit une vision du monde totalitaire qui conduit l'humanité à sa perte.

Il me semble nécessaire de remettre au centre de notre vision de l'Homme le concept d'une enveloppe « naturelle » de l'humain ; à partir de cette perspective, il n'est plus possible de réduire les enjeux environnementaux à des « rapports » entre l'homme et l'environnement, mais bien de replacer cette question dans les termes des rapports entre les différentes enveloppes de l'humain, dont la conscience est liée à l'ontologie et la culture.

Dans un tel changement de repères épistémologiques, quelle peut être la place de la psychanalyse dans l'émergence d'un nouveau paradigme écosystémique Homme-environnement ? Les pistes dessinées dans cet essai sont celles d'une topique du Soi disséminé et des configurations psychiques, qui elle-même implique une révision du concept de réalité en psychanalyse.

---

15 Matot J-P. (2019), *L'Homme décontenancé I. De l'urgence d'étendre la psychanalyse* ; Paris, L'Harmattan

La psychanalyse a développé des hypothèses fécondes et des modèles qui devraient lui permettre d'apporter des contributions utiles à la compréhension de ce qui se joue, pour notre humanité, dans l'appréhension du désastre écosystémique en cours. Mais, d'une part, ces hypothèses et ces modèles nous viennent d'un temps où ce désastre n'était pas encore pensable, et d'autre part, cela fait plus d'un demi-siècle que quelques voix – dont celle d'un psychanalyste américain, Harold Searles (1918-2015)[16] – se sont élevées pour nous alerter de sa survenue, sans que les milieux psychanalytiques s'y intéressent outre mesure.

Or, la psychanalyse s'est construite au sein d'une vision occidentale de l'Homme et du monde héritière de la philosophie des Lumières et fondée, comme l'ensemble de la pensée scientifique européenne, sur une séparation sujet/objet constitutive de ce que Ph. Descola, anthropologue titulaire de la chaire d' « anthropologie de la nature » au Collège de France, désigne comme ontologie « naturaliste ». Comme il le souligne dans son ouvrage *Par-delà nature et culture* (2005)[17], « *la manière dont l'Occident moderne se représente la nature est la chose du monde la moins bien partagée* » … « *dans de nombreuses régions de la planète, humains et non-humains ne sont pas conçus comme se développant dans des mondes incommunicables et selon des principes séparés* » (2005, p.56). Descola distingue quatre grands axes de construction anthropologique de l'être-homme : l'animisme, le totémisme, le naturalisme et l'analogisme.

L'ancrage « naturaliste » de la psychanalyse constitue donc un obstacle important à son appréhension de l'apathie de nos sociétés face au désastre écosystémique, dans la mesure où celle-ci est liée à la « globalisation » de l'idéologie consumériste et managériale du capitalisme financier, qui elle-même repose sur cette ontologie naturaliste. Il est donc indispensable, pour que la psychanalyse se donne les moyens de penser cette problématique essentielle de notre époque,

---

16 Searles H. (1960), *L'environnement non humain*, Paris, Gallimard, 1986

17 Descola Ph. (2005), *Par-delà nature et culture* ; Gallimard, Paris

qu'elle remette sur le métier la manière dont elle traite cette séparation ontologique entre sujet et objet, dont elle envisage la problématique dedans/dehors, et dont elle s'appuie sur un impensé, la « réalité externe », pour construire des modèles de ce qu'elle qualifie de « réalité interne ».

A défaut d'une telle problématisation, je pense que les psychanalystes se condamnent à manquer la question du complexe Homme-environnement, et, comme le signale Jacques Press (2019)[18], à « exporter sans distance des théories issues de leur travail quotidien dans un champ hétérogène au leur » et à « ajouter ainsi de la confusion au lieu de donner naissance à une pensée créative » (Press, 2019, p.261). Il relève à cet égard la différence fondamentale qu'il faut prendre en compte entre la relation primaire du bébé à ses objets d'attachement, et la relation de l'humain à son *Umwelt*, mais pointe ce qui pour lui relie les deux : l'effet sur l'humain de la rupture du cadre stable et résistant sur lequel se construit son sentiment d'exister. L'autre facteur sur lequel insiste Press est la coupure du lien direct entre l'Homme et ses objets, et en particulier avec ceux qu'il produit ou transforme par son activité économique, mais également, entre l'Homme occidental et le reste du monde biologique (Press, 2019b, p.146[19]). Nous nous trouvons donc ici au cœur du problème mis en évidence par les travaux de Ph. Descola.

---

[18] Press J. (2019), *Psychanalyse et crise environnementale* ; in : Magnenat L., *La crise environnementale sur le divan* ; Paris, In Press, pp 261-270

[19] Press J. (2019b), *Expériences de l'informe* ; In Press

I : Perspective écosystémique

De la localisation du psychisme humain aux concepts de Soi-disséminé et d'enveloppes psychiques

Les quatre grands axes de construction anthropologique de l'être-homme - l'animisme, le totémisme, le naturalisme et l'analogisme – distingués par Descola nous permettent de préciser les composantes « sociales » des processus d'identification des individus, des groupes et des cultures.

Ces quatre modes ne placent pas aux mêmes endroits les différences à partir desquelles se structure le monde en *Weltanschauungen.* Ils constituent « des schèmes de catégorisation de l'expérience qui permettent de structurer de façon sélective le flux de la perception et le rapport à autrui en établissant des ressemblances et des différences entre les choses à partir des ressources identiques que chacun porte en soi : un corps et une intentionnalité » (Descola, 2005, p.322). Les nombreuses variantes de ces quatre modes d'identification, les métissages et les intermédiaires qu'ils permettent, nourrissent la richesse des cultures : « l'un ou l'autre des modes d'identification devient certes dominant dans telle ou telle situation historique, et se trouve donc mobilisé de façon prioritaire dans l'activité pratique comme dans les jugements classificatoires, sans que ne soit pour autant annihilée la capacité qu'ont les trois autres de s'infiltrer occasionnellement dans la formation d'une représentation, dans l'organisation d'une action ou même dans la définition d'un champ d'habitudes » (Descola, 2005, p.322).

La perspective ouverte par Descola permet à la fois de relativiser la place du mode « naturaliste » qui organise majoritairement les sociétés occidentales, mais également de concevoir qu'au niveau le plus « méta » des constructions identitaires de l'humain, les distinctions dedans/dehors sur lesquelles celles-ci reposent non seulement ne sont pas homogènes, mais en outre se répartissent en plusieurs niveaux, structurant de manières variées les domaines de l'existence individuelle et collective au sein d'« environnements » différemment définis comme tels.

L'importance de l'ouvrage de Descola réside en ceci qu'il met en évidence le caractère systématique et la cohérence interne d'autres modes d'appréhension du monde que celui que construit l'ontologie naturaliste. Il souligne que si certaines réponses du naturalisme « ont sans doute une vocation universelle – les droits de l'homme ou la démarche scientifique, par exemple –, (…) il est illusoire de penser qu'elles peuvent répondre à coup sûr à des interrogations formulées en d'autres lieux et dans d'autres contextes à propos de mystères insoupçonnés » (Descola, 2005, p.387). Cette remarque peut cependant être complétée par l'idée, présente chez Descola, qu'en chaque homme, derrière le mode prédominant d'appréhension du monde auquel il se rattache, et dans les impasses des organisations collectives, restent actifs et identifiables d'autres modes qui rendent compte de dimensions hétérogènes du psychisme individuel, des phénomènes collectifs et des fonctionnements sociaux. La manière dont ces modes alternatifs trouvent à s'exprimer et à coexister en chaque individu et dans les différentes sociétés est déterminante dans nos rapports individuels et institutionnels à nous-mêmes et au monde.

Si, comme je le crois avec Descola, « le schème naturaliste ne va plus de soi … et qu'une phase de recomposition ontologique a peut-être débuté » (Descola, 2005, p.277), les modes de penser l'humain dans les différents champs de connaissance, et en particulier dans celui de la psychanalyse, vont devoir, sous peine d'obsolescence, s'ouvrir à de nouveaux paradigmes.

« L'anthropologie est donc confrontée à un défi formidable : soit disparaître avec une forme épuisée d'humanisme, soit se métamorphoser en repensant son domaine et ses outils de manière à inclure dans son objet bien plus que l'anthropos, toute cette collectivité des existants liée à lui et reléguée à présent dans une fonction d'entourage » (Descola, 2005, p.15), écrit Philippe Descola dans l'avant-propos de son ouvrage. Sans doute en va-t-il de même pour la psychanalyse.

Sigmund Freud pensait, non sans ambivalences, que l'avenir de la psychanalyse se situait du côté des avancées des sciences. Or, si la médecine expérimentale a accrédité, par l'accumulation de connaissances sur le fonctionnement du corps humain et par les progrès des techniques et des résultats thérapeutiques qu'elle a obtenus, l'idée que le psychisme humain résiderait dans le cerveau et, par extension, dans le corps qui lui permet de fonctionner, cette vision fait aujourd'hui l'objet d'une réévaluation dans le champ même de la médecine académique. Ainsi, dans son étude du phénomène de l'apoptose, fil rouge de la recherche développée dans son ouvrage *La sculpture du vivant* (1999, rééd. 2003)[20], Jean-Claude Ameisen, immunologue, éthicien, remarquable vulgarisateur des avancées de la biologie, mais également penseur critique et créatif des questions que soulèvent ces avancées, nous invite à remettre au travail le concept de corps et d'enveloppe corporelle.

Etudiant les « fonctions » des organismes vivants, Ameisen souligne, à partir de l'exemple du développement du système immunitaire, que « la nature des conséquences de la présence d'un organe, d'une structure, d'une forme, d'une protéine ... dépend entièrement de l'environnement intérieur et extérieur de ce corps. L'idée même de fonction est indissociable de la notion de contexte. Ce que nous appelons habituellement une fonction est, parmi les innombrables modalités possibles d'auto-organisation du vivant, l'une des conséquences observables d'une cristallisation aléatoire et singulière dont la stabilité et la pérennité ont été favorisées à un moment donné par les contraintes externes qui s'exercent en permanence sur

---

[20] Ameisen J-C. (1999) : *La sculpture du vivant*, Paris, (rééd. 2003)

la collectivité des cellules, des protéines et des gènes qui composent les individus d'une espèce. Que le contexte se modifie, et la « fonction » changera » (Ameisen, 2003, p. 251). Les fonctions corporelles expriment donc un certain état des potentialités d'un rapport entre un organisme et son milieu. Ce n'est, me semble-t-il, que de manière réductrice qu'on peut les décrire comme des « propriétés » de cet organisme : elles sont, tout autant, des « propriétés » du milieu de cet organisme.

Dans un autre chapitre de cet ouvrage, Ameisen part de l'étude d'un organisme unicellulaire eucaryote, *Trypanosoma cruzi*, parasite permanent de deux catégories d'hôtes, insecte et mammifères, qui prend, en fonction de l'hôte et de sa localisation, trois formes différentes : épimastigote chez l'insecte, amastigote chez l'homme, tous deux pouvant soit se dédoubler localement, soit donner naissance au trypomastigote, qui ne se dédouble pas, et voyage d'un hôte à l'autre. Ces transformations s'opèrent par différenciation cellulaire, *T. Cruzi* activant, pour prendre ces différentes formes, une partie seulement de son patrimoine génétique.

Les épimastigotes, s'accumulant dans la partie supérieure du tube digestif de l'insecte, forment une colonie compacte ; lorsqu'ils passent dans la partie inférieure du tube digestif, ils s'autodétruisent lorsqu'ils sont à distance les uns des autres : ils ont besoin pour se développer des signaux émis par leurs congénères. La seule alternative à leur auto-destruction réside dans la transformation, pour certains d'entre eux, en trypomastigotes. *Trypanosoma cruzi* constitue donc, sous ses trois formes d'existence, séparées par des « phases » d'apoptose, « une société complexe … délocalisée dans le temps et dans l'espace » (Ameisen, 2003, p.260) : « Le cycle des métamorphoses de T. Cruzi … ne donne pas naissance à un embryon au sens où nous l'entendons habituellement. Mais il en a les caractéristiques essentielles : la différenciation cellulaire, la migration cellulaire, la répartition géographique et temporelle des descendants et le suicide cellulaire comme alternative à la différenciation et à la migration. C'est une forme étrange de « développement embryonnaire », qui donne naissance à une forme étrange de corps … Les épimastigotes chez l'insecte et les amastigotes chez l'homme ressemblent aux cellules somatiques qui construisent et composent nos corps et qui disparaîtront avec nous. Les trypomastigotes ressemblent à des cellules germinales … qui construisent de nouvelles sociétés cellulaires » (Ameisen, 2003, p.261).

Un exemple plus troublant encore est apporté par Ameisen, celui d'un autre unicellulaire, *Dictyostelium discoidum*, une moisissure qui forme par dédoublements une colonie s'étendant sur la surface du sol. Lorsque le milieu devient défavorable, certains unicellulaires commencent à émettre des signaux chimiques qui attirent leurs congénères par vagues concentriques, d'abord par spirales en file indienne, puis, quand leur densité augmente, en s'attachant les unes aux autres, s'agrégeant, pour former progressivement un corps compact de plusieurs centaines de milliers d'individus qui se déplace comme une limace et, après 24 heures, se dresse verticalement sur le sol, comme une minuscule fleur de quelques millimètres. Les signaux qui ont déclenché l'agrégation provoquent en fait deux types de transformations cellulaires : une partie des cellules meurt pour former la tige rigide du corps, une autre partie se transforme en spores, résistantes, amassées en sphère au sommet de la tige. Lorsque l'environnement redevient favorable, ces spores se transforment à nouveau en cellules actives qui vont se dédoubler pour reformer une colonie d'unicellulaires.

Ainsi, la réflexion d'Ameisen l'amène à l'idée qu'une fonction correspond à un système d'interaction entre un ensemble de potentialités d'un organe (ou d'une structure) et un ensemble de caractéristiques du milieu de cet organe (ou de cette structure). Une fonction est donc ce qui lie des caractéristiques d'un organisme à celles de son milieu pour produire certains effets nécessaires à sa survie, son développement et sa reproduction.

Ce qu'en psychanalyse nous désignons comme « fonctions du Moi », c'est-à-dire l'ensemble des aptitudes rassemblées au sein de cette entité fictive que depuis Freud nous appelons le Moi, peuvent tout aussi bien être envisagées comme des fonctions d'un système « Moi-environnement ». Nous pouvons considérer que c'est la construction de l'objet de la psychanalyse qui a amené la réduction à un seul des deux termes, conforme à l'illusion d'un « corps » humain autonome par le fait d'un ensemble de « fonctions » développées en son sein.

De la même manière, le concept de « corps » revisité par J-C. Ameisen nous permet de dépasser la conception d'un Moi corrélatif d'une séparation dedans-dehors correspondant à l'enveloppe corporelle. L'observation de l'existence de l'apoptose chez certains unicellulaires comme *Trypanosoma cruzi* l'a en effet amené à concevoir qu'un « corps », défini comme un ensemble fonctionnel interdépendant de cellules comportant une différenciation et une spécialisation minimale entre elles, favorisant la survie de l'espèce et sa reproduction, puisse être localisé dans différents espaces-temps.

La spécialisation des cellules, nous le savons, est étroitement liée à leur milieu. Le cycle de vie des cellules et des « corps » qu'elles forment est également rythmé par les variations de ce milieu, à deux niveaux : d'une part, l'environnement constitué par les autres cellules du « corps », qui communiquent entre elles par des signaux chimiques (puis aussi électriques) ; et, d'autre part, en interaction étroite avec ce niveau, disons « groupal », le milieu « non cellulaire », températures, présence d'eau et d'oxygène, de substances nutritives … Par analogie, nous avons à concevoir le « milieu » de l'Homme, constitué d'une part des rapports au sein des groupes humains, et d'autre part des institutions, des cultures et de leurs écosystèmes.

L'ensemble des fonctions qui régissent l'existence humaine peuvent ainsi être envisagées comme se déployant dans **et** hors de notre enveloppe corporelle ; certaines fonctions sont purement « internes », d'autres purement « externes », et toute une série d'autres sont à la fois « internes » et « externes ». Parmi celles-ci, certaines sont supportées par la différenciation dedans/dehors, d'autres l'ignorent plus ou moins (nous pourrions les qualifier de « transitionnelles »). Les évolutions technologiques très rapides accroissent considérablement la variété, la puissance et la diffusion de ces fonctions au statut intermédiaire.

Les fonctions impliquant une différenciation dedans/dehors étayée sur l'enveloppe corporelle correspondent *grosso modo* à celles du Moi freudien. Didier Houzel (1987), psychanalyste français influencé par les courants de la psychanalyse post-kleinienne, souligne que, dans l'œuvre de Freud, « la question d'une structure contenante et limitante du psychisme … prend la forme du concept de « Moi » » (Houzel, 1987, p.25)[21]. Cependant, la focalisation de la psychanalyse sur la topique intrapsychique a conforté l'illusion d'une « existence » autonome de ce Moi, qui pour Freud repose d'emblée sur le fait de tenir pour acquise la présence d'un « environnement secourable », entendant par là non seulement la « préoccupation maternelle primaire » et la mère « suffisamment bonne » sur lesquelles a insisté ensuite Winnicott, mais également un environnement « non humain » secourable.

Il me semble donc nécessaire pour la psychanalyse de penser une autre instance, plus large que le Moi freudien, qu'elle engloberait comme un de ses ensembles fonctionnels, rendant compte de l'espace disséminé, non limité par l'enveloppe corporelle, au sein duquel se déploient les différents types de fonctions humaines. Cette perspective remet au premier plan le concept de pluralité des enveloppes

[21] Houzel D. (1987) : *Le concept d'enveloppe psychique* ; in : Anzieu D. et coll, *Les enveloppes psychiques*, Paris, Dunod

psychiques développé notamment par des psychanalystes français, en particulier Didier Houzel, déjà cité, mais également René Kaës, dont les travaux sur l'enveloppe groupale (1976) et les alliances inconscientes (2010) ont ouvert de nouveaux espaces théoriques et cliniques à la psychanalyse. Le concept de « Soi » - associé au qualificatif « disséminé » - me semble convenir pour exprimer l'idée que les limites de l'humain se trouvent confondues avec ce que chaque homme peut concevoir comme « réalité », et distinguer ainsi radicalement ce concept de Soi d'autres acceptions dans lequel il a été utilisé précédemment. Il « donne corps » à cette pluralité des enveloppes psychiques de l'humain, mais rend aussi compte de la nécessité, pour appréhender correctement le phénomène humain, ses avatars, et en particulier la destruction de notre écosystème, de concevoir un système « corps-environnement » dont les deux termes sont indissociables. Une telle conception éclaire *a posteriori* l'affirmation de Winnicott selon laquelle l'expérience subjective du bébé impliquerait, à l'origine, « deux » mères : la mère objet de la pulsion, et la « mère-environnement ». La « mère-environnement » est celle de l'unité primitive, à partir de laquelle les expériences pulsionnelles vécues par le bébé avec la « mère-objet de la pulsion » permettent petit à petit l'émergence des différenciations dedans/dehors et la constitution du Moi. Pour Winnicott, ces « deux » mères s'intègrent dans l'expérience subjective du bébé lors de l'accès à la « position dépressive » conceptualisée par la psychanalyste britannique d'origine autrichienne Melanie Klein (1882-1960). Mais cette intégration ne fait pas disparaître le lien avec la mère-environnement, celui-ci au contraire devient le fond sur lequel repose la vie pulsionnelle, et le contenant pour l'oscillation PS/D décrite par Bion.

Le concept d'enveloppe psychique, s'il a le mérite de nous offrir une représentation intermédiaire de la nature disséminée de notre psychisme, conserve cependant une connotation spatiale, voire visuelle, trompeuse, qu'il nous faudra dépasser dans un second temps pour mieux comprendre la nature du fonctionnement humain.

Didier Houzel, dans son article *Le concept d'enveloppe psychique* (1987), insiste d'ailleurs sur sa valeur métaphorique. Il définit l'enveloppe psychique comme « le plan de démarcation entre monde intérieur et monde extérieur, entre monde psychique interne et monde psychique d'autrui » (Houzel, 1987, p.24). Il élargit la perspective en soulignant que le terme d'enveloppe - surtout lorsqu'est faite une analogie avec la peau - peut induire une vision simpliste, anatomique, du concept. « L'enveloppe psychique ne doit pas se concevoir d'une manière statique, mais plutôt comme un système dynamique … (elle) pourrait se comparer à un champ de forces … ». Houzel (2010) aborde en effet de manière originale et féconde la question des enveloppes psychiques, en centrant son approche sur leur fonction centrale de stabilisation du fonctionnement psychique. Il relève les origines de cette perspective chez Freud dès l'*Esquisse* (1895) où Freud « définit le Moi comme la partie de l'appareil psychique qui est investi d'un niveau stable d'énergie et qui tend à revenir à ce niveau lorsqu'il est mis en tension » (Houzel, 2010, p.13)[22]. Se référant aux travaux du mathématicien René Thom, Houzel envisage la stabilité structurelle au sein d'un système dynamique, ici la « stabilisation des motions pulsionnelles et des turbulences émotionnelles ». La lutte contre le débordement et la désorganisation est une tâche incessante pour le psychisme. Au début de la vie, c'est « l'environnement secourable » qui a pour tâche « d'apaiser les turbulences et de stabiliser le système qu'il constitue avec le bébé affamé ». Houzel amène l'idée que faute d'une stabilité structurelle suffisante, le psychisme se replie sur une stabilité simple, non dynamique, fondée sur le maintien de l'identique : « « le niveau le plus bas

[22] Houzel D. (2010) : *Le concept d'enveloppe psychique* ; Paris, In Press, 188 p

de la stabilité est l'absence totale de mouvement, la suppression de tout changement, de toute évolution ... C'est ce niveau-là de stabilité auquel Freud se réfère pour définir l'instinct de mort » (Houzel, 2010, p.17). Le jeu de l'enfant, comme la compulsion de répétition – dans laquelle s'inscrit aussi le principe de plaisir – doivent être envisagés dans cette perspective. Dans ce temps premier, ce n'est pas l'action « sur » le bébé que pointe Houzel, mais l'action au sein du système bébé-environnement. Bien entendu le rôle de la mère, ou de la personne qui assure les soins de maternage, est essentiel, il a fait à juste titre l'objet des travaux théoriques de la psychanalyse anglo-saxonne, de Klein à Bion en passant par Winnicott, mais nous devons élargir notre vision à toutes les composantes du milieu, animé et inanimé, du bébé, même si la qualité de la préoccupation maternelle primaire (Winnicott) ou la capacité de rêverie (Bion) de la mère occupent une place centrale et organisatrice dans - et de - cet ensemble complexe. Houzel souligne que la naissance, c'est-à-dire la fin de la vie intra-utérine, introduit une discontinuité entre l'expérience du besoin et celle de sa satisfaction : « dès ce moment se crée un gradient entre le Self naissant de l'enfant et son objet libidinal[23] » (Houzel, 2010, p.19). Ce gradient crée un écart dynamique, un « champ d'attraction qui attire le Self vers l'objet avec une force irrépressible. La violence même de cette attraction est source de turbulence et menace le Self de perte de cohérence et de destruction ».

A la différence de Houzel, le modèle que je propose envisage une pluralité d'enveloppes psychiques (et non une seule, constituée de plusieurs feuillets, comme il le propose à partir de ses travaux sur l'autisme). Selon ce modèle, le psychisme humain pourrait se concevoir comme un ensemble de fonctionnements-organisations, que j'appelle « configurations », générant chacune une enveloppe

[23] Le « Self » dans cette perspective de l'auteur ne correspond pas au concept de Soi-disséminé que je propose, ce dernier étant défini comme incluant l'environnement du bébé.

psychique spécifique. Ces « configurations - enveloppes » seraient investies-activées-désinvesties-désactivées à des moments différents en fonction des besoins du « Soi-Disséminé », concept désignant l'ensemble systémique, propre à chaque « entité humaine », constitué par ces « configurations-enveloppes » et les passages de l'une à l'autre.

Cette idée de pluralité d'enveloppes correspondant à des niveaux d'organisation différents du psychisme me semble se retrouver en germe dans la description que fait Didier Anzieu (1985) d'une topique plus archaïque, peut-être originaire, préexistant au Moi, le sentiment d'existence du Soi. Ce Soi correspond pour lui à l'enveloppe sonore et olfactive, à l'extérieur de laquelle sont projetées les stimulations aussi bien endogènes qu'exogènes. Le Soi se constitue par introjection de l'univers sonore (mais aussi gustatif et olfactif) comme cavité psychique pré-individuelle dotée d'une ébauche d'unité et d'identité (Anzieu, 1985, p.159)[24]. Le Soi envisagé par Anzieu se forme comme une enveloppe sonore dans l'expérience du bain de sons, concomitante de celle de l'allaitement. Ce bain de sons préfigure le Moi-peau et sa double face tournée vers le dedans et le dehors … La combinaison de ces sons produit donc : a) un espace-volume commun permettant l'échange bilatéral ; b) une première image (spatio-auditive) du corps propre, et c) un lien de réalisation fusionnelle avec la mère (Anzieu, 1985, pp. 168-169).

Dans la conception d'Anzieu, l'espace sonore est le premier espace psychique … il s'agit d'un espace abrité mais non hermétiquement clos. Il est suivi par l'espace visuel, puis par l'espace visuo-tactile, puis par l'espace locomoteur, et enfin par l'espace graphique. Anzieu fait l'hypothèse que le Moi se différencie en englobant ce Soi originaire à partir de l'expérience tactile, qui permet l'établissement des limites et des frontières du Moi comme interface bidimensionnelle.

---

[24] Anzieu D. (1985) : *Le Moi-peau.* Paris, Dunod

Anzieu complète ses hypothèses en posant que la topique secondaire (Ça, Moi – Moi idéal, Surmoi – idéal du moi) s'organise quand l'enveloppe visuelle – notamment sous l'effet de l'interdit primaire du toucher – se substitue à l'enveloppe tactile. Cela correspond selon lui au développement du Préconscient, lorsque les représentations de choses (principalement visuelles) s'associent à des représentations de mots (fournies par l'acquisition de la parole), fournissant au Moi son étayage essentiel. Anzieu souligne que dans ce modèle, il existe un miroir sonore qui est antérieur au miroir visuel, ce qui signifie que la fonction réflexive est présente dès le « stade » de la topique originaire du Soi.

La perspective dynamique des enveloppes psychiques permet de concevoir la variété des enveloppes de l'humain, enveloppes groupales (Anzieu, 1972 ; Kaës, 1976), enveloppes technologiques (Leroi-Gourhan, 1943, 1945 ; Stiegler, 1994), enveloppes institutionnelles (Bleger, 1967). Mais il nous faut pousser plus loin notre questionnement, afin de préciser la nature des rapports entre le Soi disséminé et l'environnement.

Du potentiel transformationnel de la non-différenciation

L'enjeu est donc de réinterroger les modèles de la psychanalyse fondés sur les oppositions sujet/objet, Moi/non Moi, dedans/dehors, réalité interne/ réalité externe. Pour ce faire, il me semble intéressant de partir du concept kantien de la nature inconnaissable de « *la chose en soi* », du Réel lacanien, de l'informe winnicottien, de l' « ambiguïté » de Bleger, du « O » de Bion, et, d'une manière plus large, de tout ce qui tente de rendre compte de la non différenciation (qu'il est nécessaire de distinguer, avec Winnicott, de la dé-différenciation qui est, elle, une défense contre des différenciations menaçant le sentiment d'identité).

Freud, tout en adhérant à la proposition kantienne d'un réel inconnaissable, a néanmoins circonscrit le champ de la psychanalyse à l'étude d'une « réalité interne », psychique, confrontée à une « réalité externe », dès lors réifiée.

Il rejette ainsi le principe d'une *Weltanschauung* psychanalytique, pour inscrire la psychanalyse dans le champ de la pensée scientifique, car, écrit-il, « notre meilleur espoir pour l'avenir (est) que l'intellect – l'esprit scientifique, la raison – parvienne avec le temps à la dictature dans la vie psychique de l'homme » (p.229). En effet, souligne-t-il, elle « aspire à atteindre une concordance avec la réalité, c'est-à-dire à ce qui existe en dehors de nous, indépendamment de nous ... Cette coïncidence avec le monde extérieur réel, nous l'appelons *vérité* » (Freud, 1933, pp.227-228)[25]. Cette formulation même laisse cependant transparaître que la réalité est toujours une construction psychique, et que cette concordance avec le « réel » ne peut être qu'approchée sans jamais être atteinte. Freud ne travaille cependant pas la question de l'écart irréductible entre l'aspiration à une

---

[25] Freud S. (1933) : *Nouvelles conférences d'introduction à la psychanalyse* ; Paris, Gallimard, 1984

« coïncidence avec le monde extérieur réel » et l'impossibilité de l'établir, il l' « oublie » et fait comme si la réalité « externe » pouvait être considérée comme un invariant de l'expérience.

Si Freud admet que le totémisme et l'animisme (qu'il assimile curieusement à « une époque sans religion », 1933, p.219) n'ont pas disparu, il ne les envisage cependant que comme des superstitions. Il apparaît ainsi que la construction de la psychanalyse s'est trouvée coincée, du fait des positions personnelles de Freud – bien entendu en partie liées à son époque – entre une vision scientiste objectivante de la réalité matérielle, et une théorie psychologisante des fonctionnements sociaux fondée sur ses hypothèses psychanalytiques « œdipiennes » ; en réduisant les religions, résidus « des époques ignorantes de l'enfance de l'humanité » (p.224), à « une contrepartie de la névrose par laquelle l'individu civilisé doit passer dans sa route de l'enfance à la maturité » (p.225), en s'emportant contre « cette obscure philosophie hégélienne, école par laquelle Marx est aussi passé » (p.236), et en restant accroché à une conception « coloniale » des rapports de domination économique et politique (« les différences sociales, pensais-je, étaient initialement des différences de tribus ou de races » (1933, p.237)), Freud a construit une psychanalyse dont le champ de vision était amputé d'une bonne partie du psychisme, celle qui se trouve intimement mêlée à ce qu'il a posé comme invariant, la « réalité externe ».

La position de Freud est compréhensible, et elle a probablement été nécessaire à l'invention de la psychanalyse : pour mener à bien une révolution épistémologique, il faut bien trouver un point fixe auquel l'arrimer : ce fût la « réalité extérieure ». Mais, comme le souligne Delaunoy (1989)[26], cette position est intenable, et il est très étonnant que, depuis Freud, la très grande majorité des psychanalystes continuent à faire comme si le statut de la réalité externe ne posait pas problème.

---

[26] Delaunoy J. (1989) : *La construction de la réalité* ; Revue belge de psychanalyse, 14 : 15-27 et 15 : 23-34

Le temps est arrivé où la psychanalyse doit affronter ce paradoxe : d'une part, l'homme a besoin de se penser un « dehors », qui lui permette de s'identifier à un « dedans ». Les concepts de « réalité extérieure » et d'« environnement » remplissent cette fonction. Mais, d'autre part, les évolutions des sociétés, sous les effets en partie conjugués des idéologies ultralibérales et des avancées technologiques, ont mis en évidence ce qui auparavant restait discret et pouvait être négligé : la psyché de l'Homme est par nature intimement intriquée à ce que Searles (1960) appelait le « non humain », et cette intrication est à la fois consciente et inconsciente. Aujourd'hui, le développement des identités et des existences numériques, la complexification des différenciations homme/femme, voire parent/enfant, demain, les relations de plus en plus étroites que l'Homme entretiendra avec les machines « intelligentes », mais aussi les développements de la génomique et la reproduction non sexuée de l'humain, nous contraignent et nous contraindront toujours davantage à faire une place dans nos conceptions et nos théories de l'humain à ce qui de la réalité « externe » doit pouvoir être pleinement reconnu comme psychique pour pouvoir être approprié subjectivement par les êtres humains.

La perspective du Soi Disséminé et des configurations psychiques, constituant un ensemble de différenciations dedans/dehors, me semble offrir une piste de résolution du paradoxe ainsi constitué. Mais ces différenciations, sur lesquelles les individus et les sociétés construisent leurs identités, ne peuvent se constituer qu'à partir d'une matière première de non-différenciation. Pour que quoi que ce soit puisse prendre forme, il faut une matière, encore informe, qui puisse être transformée.

Winnicott est probablement le psychanalyste qui a accordé le plus d'importance à cette reconnaissance de la nécessité préalable de l'informe, sans lequel nulle forme ne peut advenir. La précision qu'il faut peut-être apporter, car elle n'est qu'implicite dans ses articles, c'est que l'informe se renouvelle continuellement dans notre psychisme, comme source indispensable de notre vitalité et de notre créativité, et de l'effectivité de nos processus de symbolisation.

En dehors de la psychanalyse et de la création artistique, cette question, ainsi que celle de notre rapport aux objets techniques, a été abordée de manière féconde et originale par le philosophe et psychologue Gilbert Simondon (1924-1989), dont les travaux sur les processus d'individuation (1958, 2005)[27], inspirés par la thermodynamique des états loin de l'équilibre, la physique quantique et la cybernétique, placent le potentiel « pré-individuel » au cœur de l'individuation, en l'étendant des individus humains aux individus techniques, les uns et les autres inscrits, comme l'avait déjà montré André Leroi-Gourhan (1943, 1945), dans des lignées évolutives.

Pour Simondon, l'individuation survient du fait de la saturation qui s'installe dans un système qu'il qualifie de pré-individuel – que j'assimile aux concepts de non-différenciation et d'informe –, amenant l'émergence, dans le même mouvement, d'un individu et de son environnement. Le point évidemment central de cette théorie est que l'individu n' « arrive » pas dans un environnement donné, mais est comme « produit » par un processus de différenciation qui le constitue en même temps que ce qui apparaît comme son environnement. Cette idée est centrale également dans la pensée de Winnicott : « Le centre de gravité de l'être ne se constitue pas à partir de l'individu : il se trouve dans la structure environnement-individu » (Winnicott, 1952). De la même manière, les identités groupales et collectives se constituent pour Simondon à partir d'une régression des individus vers leur potentiel pré-individuel pour constituer ce qu'il appelle le « trans-individuel », en même temps qu'émerge

---

27 Simondon G. (1958), *Du mode d'existence des objets techniques*, Paris, Aubier, 1989

Simondon G. (2005), *L'individuation à la lumière des notions de forme et d'information*, Grenoble, Ed. Catherine Millon, 2013

l'environnement propre à ces individuations groupales et collectives.

Reprenant ce modèle, je propose le concept d'un « Soi-environnement » pour rendre compte à la fois de la persistance en chaque individu d'une matrice « pré-individuelle », et tout autant de l'impossibilité d'envisager les enveloppes de l'humain indépendamment du milieu qui émerge comme tel en même temps qu'elles.

Ce « pré-individuel » que Simondon place à l'origine des processus de différenciation et d'individuation peut être mis en perspective, dans le champ de la psychanalyse, avec les concepts d' « informe » et de « non-différenciation » chez Winnicott, mais aussi d' « ambiguïté » chez le psychanalyste argentin José Bleger (1922-1972). Les développements de ce dernier sur les parts syncrétiques du psychisme immobilisées dans et par le cadre inanimé (1967)[28], nous permettent d'aborder les angoisses catastrophiques mobilisées par la rupture de nos « cadres » de vie – en ce compris les angoisses de perte de contenant que suscitent les phénomènes migratoires (De Micco, 2019)[29] ou la récente pandémie virale. Cependant, Bleger ne fait pas la distinction entre indifférenciation et non-différenciation. La perspective qu'il ouvre me semble beaucoup plus riche – et optimiste - en concevant l'hypothèse que le cadre inanimé « contient » également, à côté de parts indifférenciées, sources potentielles des angoisses catastrophiques, tout un potentiel de non-différenciation susceptible d'alimenter de nouveaux processus de différenciations et de symbolisations. Nous y reviendrons plus loin.

Auparavant, pour compléter l'intérêt des travaux de Simondon pour une remise au travail, de « l'extérieur », de la psychanalyse, il faut encore souligner l'importance qu'il accorde à l'évolution des individus techniques - et à leur

---

28 Bleger J. (1967) : *Symbiose et ambiguïté*, PUF, Paris, 1981

29 De Micco V. (2019), *Esprits migrants, esprits adolescents* ; Revue belge de psychanalyse, 75 : 29-47

constitution comme collectifs technologiques – dans leurs rapports aux évolutions des sociétés humaines. Il n'est pas nécessaire de démontrer l'impact majeur des évolutions des technologies de l'information et des développements des outils numériques sur nos existences connectées, mais il importe que les théories psychanalytiques de la symbolisation réfléchissent, à côte des formes primaires et secondaires de la symbolisation qu'elles ont identifiées et travaillées, une symbolisation tertiaire, qui passe, non par l'utilisation des objets techniques, mais par l'intrication de notre existence à celle de ces objets[30]. Nos « existences » et nos « traces » numériques en sont une première manifestation actuelle, mais il est assez évident que ce mouvement est appelé à s'amplifier et gagner des territoires de plus en plus larges de nos psychismes.

30 Freud (1932) en aurait-il eu l'intuition, lorsqu'il parle de « *la magie, ce premier précurseur de notre technique actuelle* »

La place centrale qui devrait donc être rendue à la réflexion sur la non-différenciation et l'informe, prolongeant l'œuvre pionnière de Winnicott, met en lumière les systèmes défensifs individuels mais surtout collectifs et culturels qui empêchent l'homme de percevoir la continuité essentielle qui l'unit à son environnement, et de ressentir comme siennes les blessures profondes qu'il lui inflige, laisse perpétrer, et, au bout du compte, s'inflige.

La différence de perspective réside dans la conception de l'essence même de ce que nous appelons « environnement ». Est-ce un dehors, avec lequel nous entretenons des rapports projectifs, un objet « autre », dans un registre d'une pensée qui se fonde sur la distinction entre sujet et objet ? Ou bien est-ce, encore et toujours, nécessairement, une partie de notre psychisme ? Cette question me semble centrale. Elle rejoint la critique que faisait Winnicott au livre pionnier d'Harold Searles, *L'environnement non humain* (1960) : « l'expression qu'il a choisie – l'environnement non humain - ne convient pas : … Searles se réfère à l'environnement non-projectif, ou à tous les aspects de l'environnement de l'individu qui, en réalité, prennent effet ou empiètent avant que l'individu bébé ne soit prêt à prendre un peu la main sur la réalité extérieure par les mécanismes de projection et d'introjection » ... « L'unité précoce, celle d'avant le stade où le bébé sépare sa mère du self, celle qui dans la psychose se manifeste comme fusion, ne se fait ni avec une personne ni avec un objet. C'est une unité avec un environnement non humain, ou, comme je préfèrerais l'appeler, l'environnement non projectif » (Winnicott, 1989, pp.47-48)[31].

Il me semble en effet déterminant, pour penser la destruction de notre écosystème et les moyens de transformer

---

[31] Winnicott D.W. (1989), *Lectures et portraits* ; Gallimard, Paris, 2012

notre rapport à ce « milieu » constitutif de notre humanité, de considérer la double polarité de la conception que l'homme se fait de son environnement, « monde extérieur » objet de projections sur un versant, unité intrinsèque à sa nature même sur l'autre.

Dans le champ de la psychanalyse, Winnicott est le premier à avoir esquissé une voie médiane qui liait fortement les processus de différenciation au maintien d'un espace intermédiaire de non-différenciation, qu'il a appelé « transitionnel ». Je soutiens la nécessité de prolonger cette hypothèse heuristique, qui permet d'éviter la réification d'une logique vrai/faux, dedans/dehors …, en envisageant le fonctionnement psychique comme se déployant et investissant une pluralité de niveaux d'organisation correspondant à des espaces psychiques hétérogènes et à des modalités plurielles de rapport entre l'individu et ses mondes.

Une telle hypothèse me semble concordante avec la perspective anthropologique de Descola (2005) évoquée au début de cet essai, confortant une vision de l'humain indissociable des ontologies dont cet auteur systématise les variétés selon les axes, naturaliste, animiste, totémique et analogique, dont les compositions multiples dessinent la grande diversité des cultures et des modes d'être au monde qu'elles expriment.

La « globalisation » induite par l'hégémonie mondiale de l'idéologie du capitalisme financier tend à faire disparaître cette pluralité, reléguée à un statut de curiosité exotique par l'impérialisme de ses valeurs et l'omniprésence de ses normes : primauté absolue des plus-values financières sur les équilibres écosystémiques ; appropriation monopolistique des techniques accélérant la réduction de l'humain à sa valeur marchande par le double effet de l' « idéal » consumériste et de l'emprise managériale.

Cette destruction de l'humain par l'envahissement de la culture hyper-capitaliste montre bien que la « culture » ne peut être envisagée principalement sous l'angle d'un « héritage » des phénomènes transitionnels de l'enfance, comme le suggérait Winnicott, mais doit être pensée aussi dans les dimensions de destructivité collective qu'elle met en œuvre, soulignées par Freud dans *Malaise dans la culture* (1929). A cet égard, je suis frappé par le nombre de livres qui aujourd'hui remettent sur le métier les mécanismes de destruction sociale du système nazi : la *Trilogie berlinoise* suivie du dernier roman de Philip Kerr, *Bleu de Prusse* (2017)[32] ; *L'ordre du jour* d'Éric Vuilllard (2018)[33] ; *Les amnésiques* de Géraldine Schwartz (2019)[34] ; *Les enfants d'Asperger* d'Edith Sheffer (2018)[35], pour n'en citer que quelques-uns ; et, dans le champ de la psychanalyse, les essais de Kostas Nassikas, *Exils de langue* (2011)[36] et de Laurence Kahn, *Ce que le nazisme a fait à la psychanalyse* (2018)[37]. Ils nous parlent tous de l'actualité de la destructivité des idéologies et des organisations humaines à l'échelle de l'humanité.

Freud cependant a engagé la réflexion dans la voie, suivie après lui par beaucoup de psychanalystes qui ont essayé de théoriser « la question du mal », d'une dialectique entre « pulsions de vie » et « pulsions de mort » et dans le cadre d'une topique psychique monolithique, ça/surmoi/moi, adossée à une conception statique du rapport entre « réalité interne » et « réalité externe ».

A ce titre, l'opposition que maintient Bleger, mais qu'a également théorisée Bion, entre parts psychotiques et parts non psychotiques de la personnalité, me semble certes offrir un modèle heuristique pour concevoir, pour le premier, les risques liés à des ruptures de nos cadres sociaux, institutionnels et individuels, et pour le second, les troubles de

---

32 Vuillard E. (2017), *L'ordre du jour* ; Arles, Actes Sud

33 Kerr Ph. (2017) : *Bleu de Prusse* ; Paris, Le Seuil, 2018*

34 Schwartz G. (2019), *Les amnésiques* ; Paris, Flammarion

35 Sheffer E. (2018), *Les enfants d'Asperger* ; Paris, Flammarion, 2019

36 Nassikas K. (2011), *Exils de langue* ; Paris, Presses Universitaires de France

37 Kahn L. (2018) : *Ce que le nazisme a fait à la psychanalyse* ; Paris, Presses Universitaires de France

la pensée. Cependant, cette dualisation m'apparaît aujourd'hui comme un obstacle à la théorisation mais surtout à l'utilisation du potentiel transitionnel du psychisme. En effet, parler de parts psychotiques tend à accréditer l'idée – même si elle ne correspond pas forcément à la pensée de Bion, par exemple - de zones du psychisme, qualifiées de psychotiques, dont la contribution à la créativité personnelle et collective serait réduite ou nulle. Cette opposition, qui à nouveau m'apparaît comme un héritage de l'ontologie « naturaliste », tend à figer des perspectives qui ne prennent pas en considération que le potentiel de créativité et/ou de destructivité de nos fonctionnements dépend des états psychiques dans lesquels ils surviennent. Cette vision paraît évidente pour le rêve, elle est même au fondement de l'œuvre freudienne : « Nous ne sommes pas habitués à beaucoup méditer sur le fait que l'homme chaque nuit dépouille les enveloppes dont il a recouvert sa peau … On peut ajouter qu'en allant se coucher il dévêt, de façon tout à fait analogue, son psychisme, renonçant à la plupart de ses acquisitions psychiques » (Freud, 1915)[38]. Mais elle n'est par contre pas facilement admise pour toute la variété des états psychiques par lesquels nous passons dans notre vie quotidienne, en phase avec les enjeux et les « tâches » qui nous occupent. Elle est par contre évidente pour les artistes, peintres, musiciens, écrivains. Winnicott en a fait un élément central de sa conception du lien primaire de la mère à son bébé, cette « préoccupation maternelle primaire » dont il dit qu'elle serait considérée comme « psychotique » si elle ne survenait pas dans cette phase très particulière de la maternité. Il faut cependant ajouter qu'il y a beaucoup de manières de rêver, comme il y a beaucoup de manières d'être mère d'un nouveau-né. Le sommeil ou la maternité ne sont qu'un des éléments qui déterminent l'état psychique : le contexte « ontologique » et culturel avec ses croyances et

[38] Freud S. (1915), *Complément métapsychologique à la théorie du rêve,*

mythes collectifs, les organisateurs psychiques - enveloppes psychiques, réseaux de signifiants formels (Anzieu, 2003)[39] et de fantasmes -, déterminent la variété et les degrés de transitionnalité de ces configurations psychiques.

De ce point de vue, la perspective de l'analyse que propose Luc Magnenat (2019) de la destructivité sous-tendant l'apathie face au désastre écosystémique, opposant terme à terme les parties psychotiques et non psychotiques de la personnalité liées aux modalités transformationnelles ou obstructives des liens primaires aux parents (Magnenat, 2019, pp 180-182)[40], me semble devoir être élargie. Outre qu'elle évacue le potentiel d'indétermination qui subsiste tout au long de la vie, en lien avec les zones de non-différenciation qui restent potentiellement actives, une telle dialectique duelle ne prend pas suffisamment en compte les niveaux de différenciations dedans/dehors et la pluralité des *vertex* où se manifestent les expressions variées de la destructivité.

> Je pense à une patiente qui me raconte qu'elle a rêvé que son mari était en train de flirter avec une très jolie femme dans le salon de leur maison, alors qu'elle-même dormait dans leur chambre. Dans son rêve, elle est prise d'une rage frénétique et d'envies de meurtre. Lorsqu'elle se réveille, elle voit son mari dormant à côté d'elle. Sa rage ne retombe pas pour autant, elle est dans une tension extrême et finit par le réveiller pour lui reprocher d'avoir voulu coucher avec une autre femme dans leur maison en sa présence, ce qui déclenche une altercation violente. La violence des affects dans l'espace du rêve n'est pas transformée par le réveil, les différenciations topiques se superposent dans les deux espaces, sur un continuum hallucinatoire, rendant temporairement inaccessible

---

39 Anzieu D. (2003, dir.), *Les enveloppes psychiques* ; Paris, Dunod

40 Magnenat L. (2019), Le propre de l'homme à l'âge de l'anthropocène ; in : Magnenat L. (dir), *La crise environnementale sur le divan* ; Paris, In Press, pp 145-248

un fonctionnement transitionnel intermédiaire et le passage d'un niveau de réalité à l'autre. Ce que je qualifie de passage d'une configuration psychique à une autre est entravé, ce qui maintient une expression violente non transformée vécue comme « folle ».

Transposée à la prise de conscience de l'urgence d'agir collectivement face à la crise climatique, il me semble que cet exemple illustre que le concept de clivage est insuffisant et trompeur pour comprendre ce qui est en jeu. Il est nécessaire d'envisager les niveaux de réalité dans lesquels est vécue et transformée l'expérience.

La destructivité n'est pas de même nature, n'engage pas les mêmes enjeux et n'appelle pas les mêmes remèdes, selon qu'elle opère dans les zones de non-différenciation ou dans les zones différenciées.

Du côté de la destructivité qui se joue au sein des zones de non-différenciation, héritières de l'unité primaire bébé-environnement, il s'agit de ce que Winnicott a qualifié d' « amour primaire cruel ». Le remède qu'il a prescrit, c'est la capacité de l'environnement à survivre à cette cruauté, et à la transformer au sein d'une relation qui, par un double mouvement de limite (reconnaissance de la douleur que provoque la cruauté et limite posée à l'expression de cette cruauté) et d'offre d'une issue alternative à la vitalité qui s'exprime comme cruauté, permet de développer la créativité, c'est-à-dire la capacité d'élargir, à travers nos expériences, l'espace au sein duquel nous vivons et au sein duquel se déploient nos capacités d'agir.

Du côté de la destructivité projective (que je qualifierais de « secondaire » car opérant dans le champ des différenciations dedans/dehors), liée à la projection du « mauvais » à l'extérieur, et au contrôle omnipotent que nous tentons de conserver sur ce qui de notre « intérieur » se trouve ainsi expulsé, c'est, toujours en suivant la pensée de Winnicott, la question de la réparation qui est centrale. La destructivité projective ne peut être transformée que lorsque, au préalable, l'accès à la position dépressive (conceptualisée par Melanie Klein, et reprise par Winnicott sous le nom de capacité de sollicitude) a été acquis, ouvrant la voie à la prise de conscience de la culpabilité, au souci pour autrui et à une authentique capacité de réparation.

C'est ici que le lien entre les deux « remèdes » apparaît : en effet, l'accès à la position dépressive est conditionné par une transformation préalable suffisante de la cruauté de l'amour primaire.

Ainsi, dans les configurations psychiques des personnes qui n'ont pas pu suffisamment transformer la cruauté primaire, la destructivité à l'égard de l'environnement traduit certes la mise en œuvre de défenses projectives, mais sur un fond d'indifférence aux atteintes d'un environnement vécu défensivement (par rapport à une culpabilité impensable car s'accompagnant d'une menace intolérable d'anéantissement de l'unité primaire) comme infiniment indestructible. Dans les configurations psychiques où la culpabilité et la capacité de réparation ont pu être mieux intégrées à la personnalité, il est possible de s'appuyer sur ces acquis pour combattre et contenir la destructivité projective.

Dans la première occurrence, tout ce qui tend à démontrer rationnellement l'impact destructeur du mode de vie humain est inaudible, intolérable et ne peut dès lors que faire l'objet d'un rejet et d'un déni radical. Ce n'est donc pas un hasard si ce type de négationnisme réunit dans une même haine les tenants du « climatosceptisme » et de la stigmatisation xénophobe des étrangers et des migrants. La seule possibilité de calmer et de contenir socialement cette rage destructrice, c'est à la fois d'opposer une limite ferme mais non rejetante à l'égard des personnes et des groupes qui sont prisonniers de tels fonctionnements (mais, déjà, d'éviter de leur attribuer des responsabilité sociales et politiques importantes), et d'inventer des formes adéquates et valorisantes de socialisation de leur rage : il devrait être possible, avec un peu d'imagination et de tolérance, d'inventer autre chose que la Légion Etrangère … ou que *Daech* …

Dans la seconde occurrence, la capacité de réparation est d'un accès plus facile. Beaucoup d'individus et de groupes sont déjà engagés dans cette voie, et la plupart des champs du savoir y contribuent par de nouvelles recherches.

Une dimension importante à prendre en compte pour aborder la question de la destructivité à un niveau sociétal est celle de la violence quotidienne vécue pas les individus dans leurs vies, en lien avec les pressions de l'organisation sociale, en particulier en termes de souffrance au travail et de passivation.

> Jour de départs estivaux, dans un aéroport. Une journaliste interroge des vacanciers sur la place que prend la préoccupation environnementale dans leur choix d'un voyage en avion. Une passagère, sur la défensive, commence par argumenter que l'avion ne pollue pas davantage que les files de voitures coincées dans d'interminables embouteillages ; puis de s'emporter : « je travaille dur toute l'année, jusqu'à l'épuisement, j'ai besoin de ces vacances pour décompresser, pour me vider le cerveau, c'est quand même normal, non ? ».

La question des transformations radicales des modes de vie occidentaux qu'impliquerait une diminution significative de la destruction de l'écosystème et de l'épuisement des ressources naturelles est centrale dans l'appréciation de l'apathie environnementale. La réponse de cette passagère est très parlante à cet égard : elle souligne le lien fort qui existe entre les effets délétères, sur le sentiment de bien-être et la santé, de l'exploitation de la vie et du travail humains, et la « récompense » consumériste censée compenser le coût psychique et physique de cette désappropriation existentielle.

Ce lien interroge le destin et les avatars de notre omnipotence. Jusqu'à ces dernières années, l'homme a conçu son « milieu naturel » comme globalement aussi exploitable qu'éternel. Certes il avait à prendre en compte les « caprices », parfois tragiques pour lui, de la nature, mais cela ne faisait que le conforter dans l'idée d'un milieu indestructible et permanent, en contraste avec sa propre vulnérabilité et « passagèreté ».

Winnicott a décrit la manière dont la mère (ou « l'objet secourable » de Freud), à la naissance de son bébé, se trouve dans un état qu'il a qualifié de « préoccupation maternelle primaire » : le psychisme maternel inclut le nouveau-né dans une unité bébé-environnement qui s'adapte au plus près des besoins du nourrisson du fait d'une perméabilité psychique aux états internes de celui-ci. Ce bébé « winnicottien » expérimente alors une forme d'omnipotence primaire, qui va de pair avec l'ignorance de la dépendance absolue qui la rend possible. Winnicott voit dans cette omnipotence les sources profondes de la créativité, concept qui pour lui ne renvoie pas à quelque chose d'exceptionnel, comme la création artistique, mais plutôt à une capacité à vivre simplement sa vie de manière créative. Puis, très vite, en phase avec le développement rapide des compétences du bébé, la mère s'éloigne progressivement de cette « préoccupation primaire », pour devenir cette mère « suffisamment bonne » dont parle Winnicott, une mère qui réinvestit peu à peu le « dehors » de cette unité bébé-environnement. Elle permet ainsi à son enfant de sortir petit à petit de cette omnipotence primaire, devenant capable de discriminations de plus en plus fines, développant ses capacités d'anticiper et d'intégrer la temporalité, le délai, les petites frustrations. Les processus de symbolisations, alimentés par le « sexuel infantile », c'est-à-dire le plaisir pris dans l'intrication des fonctionnements corporels, de l'attention des parents et de l'entourage, des échanges affectifs, viennent enrichir les capacités associatives, de jeu et de représentation, et constituent le moteur de la transformation de l'omnipotence. Mais celle-ci n'est possible que dans la mesure où se trouvent également préservés des espaces d'omnipotence : tels sont l'espace du jeu, l'espace du rêve, mais aussi ces espaces de l'informe, du « rien », à propos desquels Winnicott parle du « repos » nécessaire au maintien de la vitalité. Repos qui se présente comme un état éveillé de détente, de flottement, de pensées évanescentes … un plaisir qu'il est important de distinguer de celui qui est lié au domaine du sexuel freudien, régissant les zones différenciées du psychisme.

L'autre condition de base de transformation de l'omnipotence, c'est la possibilité de se sentir acteur de sa propre vie, de se l'approprier et de la vivre d'une manière qui puisse être ressentie comme personnelle et créative. La passivation, c'est-à-dire le sentiment de subir passivement une existence déterminée pour l'essentiel par des contraintes « externes », ne laisse comme seule issue à l'omnipotence que le masochisme de la dépression, ancré aux noyaux mélancoliques, ou la violence paranoïde des perversions narcissiques.

Ces deux conditions de base, disponibilité à des états psychiques de repos, et appropriation subjective, sont précisément ce que l'organisation sociale instaurée par la « culture hyper-capitaliste » tend à faire disparaître. Reste, alors, la quête infinie des succédanés consuméristes qui ferment la boucle et entretiennent ce que H. Rosa (2010), dans sa réflexion sur l'aliénation liée à l'accélération, qualifiait de « roue des hamsters ». Ou encore, ce qu'on pourrait qualifier d'épuisement psychosomatique, aujourd'hui volontiers répertorié entre « *burn out* », « fibromyalgie », « syndrome de fatigue chronique », expressions médicalement socialisées des manifestations symptomatiques de notre apathie.

II : Métapsychologie

Espaces psychiques et topique du Soi Disséminé

Winnicott a développé une conception, assez peu reprise en comparaison à d'autres parties de son œuvre, de « trois psychanalyses » (Matot, 2014)[41]. Cette perspective accrédite l'idée que le travail thérapeutique avec un patient donné tendrait à se concentrer sur une modalité prépondérante de son rapport à lui-même et au monde, sur un *vertex* particulièrement en lien avec le cœur de sa pathologie ou de sa souffrance. Ce modèle transparaît dès 1945, dans l'article *Le développement affectif primaire*, mais il l'explicite plus complètement en 1954[42] dans l'article *Les aspects métapsychologiques et cliniques de la régression au sein de la situation analytique* (avant de le reprendre dans *La nature humaine*, écrit en 1954, remanié en 1967, et publié après sa mort). En résumé, Winnicott distingue les patients dits névrosés, chez qui les mécanismes de clivage sont peu marqués, pour lesquels la technique freudienne classique serait adaptée ; les patients dont les problématiques « kleiniennes » relèvent de l'intégration de l'amour et de la haine et de la prise de conscience de la dépendance, où l'élaboration de la position dépressive est au cœur du travail thérapeutique, avec sur le plan technique l'importance de la « survie » de l'analyste ; et enfin, les patients pour qui la question de la régression à la dépendance est centrale dans le travail analytique, où les défauts de la symbolisation impliquent que le passage par l'acte constitue une modalité d'expression des zones traumatiques, sollicitant l'action de l'analyste pour le contenir et le transformer en adaptant le cadre, ce qu'il appelle

---

[41] Matot J-P. (2014b), « *Quel patient veut être le poème ou le tableau de quelqu'un d'autre ?* » ; Revue Belge de Psychanalyse, 64 : 31-50

[42] Winnicott D.W (1954), *Les aspects métapsychologiques et cliniques de la régression au sein de la situation analytique.* In : *De la pédiatrie à la psychanalyse*, Paris, Payot, 1969

(malheureusement) le « management ». Une séquence typique en trois temps est rapportée dans cet article de 1954 : l'analyste commence par tolérer le passage à l'acte ; puis, il essaie de se formuler ce que le patient cherchait à obtenir de l'analyste à travers le passage à l'acte, ce qui met à jour la dynamique des situations de carences de l'environnement primaire ; enfin, soit il recourt au « management », c'est-à-dire à l'adaptation du comportement de l'analyste, incluant des aspects du cadre, pour ne pas reproduire une situation de carence intolérable ; soit il se contente de « survivre », en supportant la colère du patient lorsque celui-ci est confronté à l'interprétation de la répétition dans l'analyse d'une situation de carence primaire, mise en évidence par le passage à l'acte. Ce qui amène Winnicott à formuler l'idée qu'« il est possible que l'analyste soit amené à jouer un rôle en étant utilisé pour ses carences à lui plutôt que pour ses succès, ce qui est déconcertant si on ne le comprend pas. Le progrès a été mené à bien parce que l'analyste a très soigneusement tenté l'adaptation et pourtant c'est l'échec qui à ce moment particulier apparaît important, en reproduisant l'échec ou le traumatisme primitif » (1954, p.263). Le tout étant d'arriver à trouver le subtil dosage d'une adaptation « suffisamment bonne » : trop insuffisante, elle répète l'effraction traumatique sans possibilité de la transformer ; excessive, l'adaptation empêche le patient d'entrer en contact avec ses zones traumatiques ; presque suffisante, mais pas tout à fait, elle permet au patient de s'appuyer sur ce qui lui est apporté pour éprouver ce qui fait défaut, le reconnaître, et le symboliser.

Le modèle qui émerge au fil du temps dans ma pratique relativise une telle perspective, sans pour autant l'exclure : dans les cures-types notamment, du fait de la fréquence des séances et de la durée du traitement, de longues périodes sont dominées par une élaboration qui se déploie la plupart du temps dans une configuration psychique donnée. Les repères techniques fournis par Winnicott, entre autres, sont alors très utiles. Cependant, les moments de transformations les plus manifestes surviennent précisément lors de l'émergence d'un accès à une configuration jusque-là non constituée comme telle. Et dans nombre de traitements psychanalytiques qui se pratiquent en face à face ou dans des dispositifs à media tels le psychodrame, avec une fréquence et une durée beaucoup plus réduites, le travail sur les passages d'une configuration psychique à une autre peut prendre davantage de place, si toutefois l'analyste y est attentif et dispose d'une théorie qui lui permet de les accueillir et de les travailler.

L'hypothèse sur laquelle je travaille s'appuie donc sur l'idée que chaque « individu » humain fonctionne dans et entre une pluralité d' « espaces » psychiques, plus ou moins appropriés et subjectivés, qui forment ce que j'appelle le Soi Disséminé.

Ces « espaces » psychiques du Soi correspondent à un ensemble de configurations « soi-environnement » issues des différentes différenciations – toujours partielles et incomplètes – de l'unité primitive « bébé-environnement » postulée notamment par Winnicott (1952). Ces « configurations psychiques » sont constituées par un ensemble de fonctionnements psychosomatiques jouant le rôle d'« attracteurs » qui sont congruents avec des niveaux perceptivo-moteurs, d'organisation fantasmatique et de différenciation topique variés, au-delà des limites du corps propres. Dans la théorisation proposée par D. Houzel (1987), les « attracteurs » organisent des champs psychiques, dont l'auteur souligne que les enveloppes ne sont pas organisées selon les repères temporo-spatiaux de l'espace euclidien ; il rejoint en cela le propos de Bion (1965) selon lequel le champ des objets psychanalytiques ne peut pas être limité au modèle de l'espace euclidien, mais doit être conçu dans l'étendue d'une multidimensionnalité.

Une telle perspective postule l'existence, chez un même individu, d'une pluralité de niveaux de différenciations dedans/dehors. Elle nous amène à envisager l'étude approfondie des diverses dimensions des enveloppes psychiques, qui correspondent à ce que M. Merleau-Ponty désignait comme « l'arrière-fond inconnu de moi » : « Les actes spontanés par lesquels l'homme a mis en forme sa vie se sédimentent en dehors et y mènent l'existence anonyme des choses (…) une intention, une pensée, un projet peuvent se détacher du sujet personnel et devenir visibles hors de (…) son corps, au milieu de ce qu'il a construit (comme une) pensée qui réside à l'extérieur (faisant) apparaître dans le monde l'arrière-fond inconnu de moi » (Merleau-Ponty, 1945)[43].

Penser en ces termes implique d'une part que les zones du psychisme non différenciées (qui ne doivent pas être confondues avec les zones dédifférenciées, relevant déjà de processus défensifs contre des différenciations mal établies) jouent tout au long de la vie un rôle essentiel de « revitalisation » des processus de différenciation ; et, d'autre part, que les différenciations dedans/dehors sont plurielles chez un individu, conservant une certaine fluidité et mobilité. Mon hypothèse complémentaire est que cette fluidité, qui serait un critère déterminant de santé mentale, peut être variable, selon les individus mais aussi selon les périodes et les difficultés de la vie qu'ils affrontent.

Dans ce modèle, les espaces psychiques de l'humain ne sont donc ni « internes », ni « externes » : spécifiques à chaque sujet, ils sont composés par un nouage indissociable d'un fil « imaginaire », vécu comme « mon monde intérieur », d'un fil « réalitaire », vécu comme « le monde extérieur », et d'un fil « symbolique » qui le structure selon les logiques propres aux différentes configurations psychiques[44]. D'une certaine

---

43 Merleau-Ponty M. (1945) : *Phénoménologie de la perception*, Paris, Gallimard

44 Une certaine similitude pourrait être évoquée avec la proposition de Lacan (1974-1975) du nœud borroméen comme métaphore de la structure du sujet. Cependant, les catégories lacaniennes du Réel, de

manière, cette perspective rencontre la remarque de Freud selon laquelle le Ça est pour le Moi « *son autre monde extérieur* » (1923, p. 298)[45]. Il me semble que cette perspective correspond à la troisième des hypothèses résumées par Rudi Vermote (2013) à propos du lien entre fonctionnements psychiques non-différenciés (mais Vermote parle à ce propos de fonctionnements indifférenciés) et différenciés : ni radicalement séparés, ni imbriqués, mais se situant dans des gradients de différenciations qui restent cependant potentiellement tous activables et investissables par des passages de l'un à l'autre. Dans cet article Vermote (2013) illustre joliment le moment de passage d'une rêverie « dirigée sur soi », autocentrée, vers une rêverie « dirigée vers ce qui nous entoure », comme la figure de l'*« homme qui réussit »* décrit par Keats et Bion … On trouve cette illustration dans une lettre de Keats à Benjamin Bailey : « si un moineau vient à ma fenêtre, je prends part à son existence et picore les gravillons (Keats, 1967) » » (Vermote, 2017, p.28)[46].

H.W. Loewald (1949)[47] me semble proposer une perspective métapsychologique proche de celle développée ici. Il part de l'hypothèse d'une indifférenciation première bébé-environnement (c'est-à-dire, dans la terminologie que

---

l'Imaginaire et du Symbolique – qui composent ce nœud selon un nouage qui ne peut libérer un brin sans les libérer tous - ne correspondent pas aux « fils » que je postule ici : en particulier, le Réel lacanien est de l'ordre de ce qui, au sein du psychisme, reste irreprésentable, résistant à toute forme de symbolisation, et de ce fait source de la compulsion de répétition en référence à la pulsion de mort freudienne, sorte d'Inconscient de l'Inconscient (Lacan, 1964-1965). Tandis que ce que j'appelle « fil » réalitaire décrit plutôt la manière dont le Réel inconnaissable est investi par la psyché pour constituer ce que le sujet identifie comme « monde extérieur ».

45 Freud S. (1923), *Le Moi et le Ça*, Paris, Payot, 1981

46 Vermote R. (2013) : *Le mode indifférencié du fonctionnement psychique : approche intégrative et implications cliniques* ; Bulletin de la Fédération européenne de psychanalyse, 67 : 19-31

47 Loewald H.W. (1949) : *Moi et réalité* ; Revue Française de Psychanalyse, 2001/2 : 349-365

j'ai adoptée, d'une non-différenciation), pour postuler, comme Winnicott mais surtout, dans une perspective anthropologique, comme Gilbert Simondon (Matot, 2019), que « la constitution psychologique du moi et celle du monde extérieur vont de pair » (Loewald, 1949, p.351) et qu'au départ, « la réalité n'est pas extérieure mais est plutôt contenue dans le pré-moi du narcissisme primaire » (Loewald, 1949, p.354). Il cite le passage du *Malaise dans la culture* (1929) où Freud, discutant le sentiment « océanique » de R. Rolland, mentionne la conservation d'un Moi primaire - dont les contenus représentatifs « seraient précisément ceux d'une absence de frontières et ceux d'un lien avec le Tout » - se juxtaposant au Moi de la maturité « dont les frontières sont plus resserrées et plus tranchées » (Freud, 1929, p.254). Loewald souligne que les fonctions de synthèse du Moi luttent non pas contre la perception de la réalité, mais contre la perte de la réalité résultant de deux mouvements inverses : celui d'une perte du lien entre le Moi et ses objets, du fait d'un écart trop grand induit par les différenciations toujours plus complexes de l'investissement de ceux-ci ; et celui d'une perte des frontières du Moi. Ainsi, « devant une menace à l'intégration existante moi-réalité, le moi et la réalité se trouvent réintégrés à un niveau différent » (1949, p.362). Evoquant la perte de réalité dans la schizophrénie, Loewald remarque qu'elle ne résulte pas d'abord d'un retrait du sujet, mais d'une modification régressive des frontières entre le moi et sa réalité.

L'article de Loewald montre bien que la « réalité externe » des psychanalystes est une construction qui répond au besoin de l'individu à la fois de se différencier d'un « dehors » pour se sentir exister, tout en maintenant un lien étroit avec cet extérieur qui est, « en réalité », une part du Soi. Il montre que le moi et la réalité sont « en réalité » indissociables, toute modification de leur intégration se traduisant par des changements conjoints. Ainsi, « l'omnipotence n'est pas quelque chose que le moi n'éprouve qu'à l'intérieur de lui-même ; la réalité est également omnipotente (qu'il en soit ainsi pour l'observateur « objectif » ou non) et contre cela, le moi peut s'éprouver comme complètement impuissant » (Loewald, 1949, p.364).

Loewald propose un modèle du développement et du fonctionnement psychique individuel très proche de celui auquel je suis arrivé : « J'ai mentionné plus haut que Freud avait soulevé la question de la survie psychologique de stades plus primitifs à côté des stades postérieurs de développement du moi, une question dont il disait qu'elle n'avait encore été que très peu abordée. Si nous observons les gens de près, nous pouvons voir qu'il ne s'agit pas seulement de la question de la survie de stades antérieurs d'intégration moi-réalité, mais que les gens se déplacent d'un stade d'intégration à l'autre, de façon pratiquement continue, de jour en jour, à différentes périodes de leur vie, au gré des humeurs et des situations. En fait, on a l'impression que plus les gens sont vivants (pas nécessairement plus « stables » cependant), plus leur registre de niveaux moi-réalité est étendu. Il est possible que le moi dit pleinement développé, le moi qui aurait atteint sa pleine maturité, ne soit pas celui qui se serait fixé au stade le plus élevé ou le plus avancé du développement, ayant laissé les autres stades derrière lui, mais plutôt celui qui intègre sa réalité de sorte que les stades d'intégration moi-réalité plus primitifs et plus profonds demeurent vivants comme sources dynamiques d'une organisation plus élevée » (Loewald, 1949, p.365).

Une perspective semblable se retrouve également chez Ch. Bollas (2007) : « D'un côté, il (NB : Freud) savait qu'une part inconsciente de la personne était primitive ; qu'elle comportait l'histoire des débuts de l'espèce, contenait des fantasmes sexuels infantiles et était aussi la source des pulsions. D'un autre côté, le travail du rêve révélait un mode de penser particulièrement sophistiqué. Or, comment peut-on réconcilier l'inconscient primitif et l'inconscient sophistiqué ? En fait, la contradiction disparaît si nous comprenons simplement qu'au début, la forme et les contenus (c'est-à-dire le processus et ses productions) de l'inconscient de l'infans sont, tous deux, primitifs. Avec le temps, cependant, le moi du Soi devient plus raffiné. Non pas que les éléments primitifs de l'inconscient – les pulsions, les fantasmes infantiles, l'envie, l'avidité etc. – cessent d'exister, mais le traitement inconscient de ces contenus est de plus en plus fin, tout bonnement. En effet, dès le début de la vie, le Soi travaille le primitif en rêve, transformant les besoins viscéraux (« urges ») en images » (Bollas, 2007, p.100)[48].

Roussillon (2008a), dans un chapitre intitulé *La construction transitionnelle de la « réalité externe »* souligne que Freud, après 1920, envisage la perception, non plus comme une « donnée » brute de l'expérience, mais « comme un processus qui s'organise à partir du soma, et qui, avant de parvenir à la conscience, doit « traverser » l'ensemble de l'appareil psychique et va donc devoir être « transformé » et organisé par l'ensemble des systèmes psychiques ainsi franchis » (2008a, p.234)[49]. La « réalité » ainsi construite est vécue comme « externe » par le Moi conscient, qui efface ce trajet de la perception menant de son investissement par la pulsion à sa transformation par les systèmes plus ou moins différenciés qu'elle traverse. La « conception » de la réalité variera donc en fonction de ce trajet de la « représentation » perceptive. Roussillon détaille les quatre temps de cette construction de la réalité : processus de décomposition puis de recomposition de la perception (Varela, 1993) ; investissement pulsionnel du percept (qu'il rapporte au « jugement d'attribution », Freud, 1925) et expérience du plaisir perceptif à la source des auto-érotismes ; destruction de l'objet dans le fantasme et survie simultanée de l'objet dans la perception, processus central de l'accès à la position dépressive décrit par Winnicott comme *utilisation de l'objet* (1971) qui, comme le soulignait déjà Delaunoy (1989)

[48] Bollas Ch. (2007) : *Le moment freudien* ; Paris, Editons d'Ithaque, 2011
[49] Roussillon R. (2008), *Le transitionnel, le sexuel et la réflexivité*, Paris, Dunod

construit la réalité « externe » pour le sujet ; et quatrième temps, constitution du tiers absent de la perception mais présent comme « autre » de l'objet et représenté comme tel : « la permanence de l'objet et de l'investissement de l'objet, composantes essentielles de la construction du concept de réalité externe, dépend donc de la superposition de la représentation interne de l'objet et de la perception potentielle de l'objet par un tiers » (Roussillon, 2008a, p.247). Ce temps, qui va de pair avec l'organisation du fantasme de « scène primitive », est celui de l'*organisation ternaire du concept de réalité* qui ouvre l'accès à la reconnaissance et au partage d'une réalité « externe » commune.

Un autre point important dans le développement de Roussillon sur ce thème réside dans l'hypothèse d'une « dérivation des enveloppes psychiques à partir de la sensorialité perceptive » (Roussillon, 2008a, p.243) : chacune des modalités sensorielles constituerait, sur base des auto-érotismes spécifiques qu'elle suscite, un ensemble d'enveloppes psychiques caractérisées par un mode de rapport à l'objet et à sa « réalité », goûtée, sentie, entendue, touchée, vue, parlée, reliées par les perceptions transmodales.

Le Soi disséminé et les différentes enveloppes psychiques supposent cependant une ou des fonction(s) de stabilisation, que je conçois, d'une part, comme stabilité dynamique résidant dans la fluidité de la circulation entre différents niveaux de différenciations, assurée par les fonctionnements transitionnels mettant en forme des éléments non différenciés ; mais, d'autre part, comme stabilité statique, du fait des spécificités de l'auto-organisation du Moi freudien, fondé sur une différenciation dedans-dehors correspondant aux limites du corps somatique, le dedans étant vécu au niveau conscient et préconscient comme Je-sujet. La particularité de cette auto-organisation serait d'installer une réflexivité - c'est-à-dire une symbolisation des processus de symbolisation eux-mêmes – particulièrement en lien avec les dimensions « cognitives » du langage. Mais par ailleurs, la configuration du Moi, ainsi dépositrice d'une des fonctions centrales pour la stabilité du Soi Disséminé, ne s'avère pleinement fonctionnelle que dans la mesure où elle est complétée et équilibrée par la fluidité suffisante des passages vers d'autres configurations mettant en œuvre d'autres modalités de différenciations et d'enveloppes, permettant à la fois une appréhension la plus large possible de la totalité de l'espace psychique individuel[50] (dont les limites restent néanmoins inatteignables et inconnaissables), tout en conservant une cohérence et une continuité suffisantes du sentiment d'identité individuelle s'étayant sur la fonction réflexive.

Je ne pense donc pas que les différentes symbolisations primaires, secondaires et, comme je le propose, tertiaires (les symbolisations du rapport de l'homme à ses objets techniques), soient spécifiques au Moi : au contraire, elles surviennent dans l'ensemble du champ psychique, mais les fonctionnements du Moi auraient pour particularité d'en organiser l'activation et l'inscription de manière à assurer une stabilité « de base » de la complexité du psychisme en phase avec le développement des fonctions langagières. Il y aurait donc, dans cette conception, trois niveaux d'organisation de l'hétérogénéité de la « matière première psychique » : le niveau des symbolisations, qui permettent de donner des formes au chaos psychosomatique primaire ; celui des configurations psychiques, qui organisent ces formes de manière à leur assurer une cohérence interne, générant des enveloppes psychiques et des différenciations dedans-dehors suffisamment variées, et rendant compte de l'existence de différents modes d'appréhension, conscients et inconscients, de soi, des autres humains et du monde ; et enfin, le niveau des fonctionnements du Moi, assurant une stabilisation suffisante des deux premiers, par la prégnance d'une différenciation dedans/dehors correspondant aux limites physiques du corps

---

50 Kaës note que « *les espaces psychiques se forment et s'activent là où la psyché peut s'étendre. La néoténie humaine et l'épigenèse sont parmi les causes de ce processus d'extension de la psyché* » (Kaës, 2015, p 222)

somatique. Et, complémentaire à cette organisation, la vitalité de zones de non-différenciation alimentant les fonctionnements transitionnels pour maintenir la circulation entre les différentes configurations psychiques en limitant les sentiments de déréalisation et les angoisses catastrophiques.

Il me semble que ce modèle n'est pas sans lien avec les conceptions de Matte-Blanco issues du travail avec des patients schizophrènes (Delaunoy, 2010). Il définit deux principes, de généralisation et de symétrie, régissant les fonctionnements inconscients. Le principe de généralisation pose que tout élément individuel doit être considéré comme sous-ensemble d'un ensemble plus large, et ainsi de suite à l'infini. Le principe de symétrie traite les termes opposés d'une relation asymétrique comme s'ils étaient identiques, et la relation comme si elle était symétrique. L'Inconscient est ainsi envisagé comme un ensemble infini d'ensembles infinis, se situant dans un nombre de dimensions excédant l'espace euclidien et la temporalité chronologique. Au contraire, la pensée consciente se caractérise par les différenciations de plus en plus élaborées qui se situent dans un espace quadridimensionnel, ce qui implique que ce qui peut se représenter au niveau conscient correspond à une réduction d'ensembles inconscients beaucoup plus vastes.

Une telle contextualisation topique et dynamique ouvre de nouveaux espaces pour la psychanalyse, s'appuyant sur ses acquis antérieurs, mais en les resituant dans une perspective plus large, et ouvrant la possibilité de développements métapsychologiques qui permettront peut-être d'étendre l'efficacité de la psychanalyse du côté des fonctionnements psychotiques, des problématiques identitaires, mais également des nouvelles souffrances liées à l'impact des évolutions sociales sur l'organisation psychique individuelle elle-même.

En particulier, la place de la projection doit être repensée dès lors que les différenciations dedans/dehors sont plurielles : ce qui est ressenti comme « extérieur » selon un niveau de différenciation peut être ressenti comme « interne » lorsqu'on se situe dans la perspective d'une différenciation dedans/dehors différente ; en témoigne, par exemple, la manière dont les réseaux sociaux suscitent une suspension de la distinction entre intimité et « extimité » (Gozlan, 2016), ou la réduction des phénomènes hallucinatoires observée chez des patients schizophrènes par l'utilisation d'avatars dans certains jeux vidéo (Craig et al., 2015).

Les distinctions entre clivages pathologiques et clivages fonctionnels (Bayle, 2012) peuvent également être envisagées, non plus seulement en rapport avec les niveaux de contradictions entre les parts clivées, mais en termes de positions topiques dont les suppléances se trouvent plus ou moins entravées. Ce qui oriente le travail interprétatif moins vers une confrontation de positions apparemment contradictoires, que vers ce qui empêche de les situer à des niveaux de pensée et d'existence différents et potentiellement complémentaires.

De même, la question du rapport entre destructivité et créativité ne se pose plus de manière univoque, mais varie selon l'enveloppe psychique au sein de laquelle il est envisagé : ce qui apparaît comme destructivité dans une enveloppe organisée, par exemple, selon une configuration œdipienne, peut être vu comme porteur d'un potentiel de créativité dans une enveloppe de non-différenciation soi-environnement, modifiant dès lors considérablement aussi le travail élaboratif.

C'est donc potentiellement l'ensemble de la construction métapsychologique qui peut être revisitée dans cette perspective « polytopique », dès lors que les dimensions dynamique et économique se modifient selon les niveaux topiques où elles s'appliquent. En effet, les dynamiques conflictuelles, lorsqu'elles ne se résolvent pas dans l'apparition de nouveaux liens ou de nouvelles symbolisations, produisent une accumulation de tensions qui atteignent des seuils où l'angoisse se déclenche, les types d'angoisse différant selon la différenciation dedans/dehors propre à chaque configuration. Cette saturation rend compte du caractère déterminant de la perspective économique dans les processus de différenciation des configurations, et dans les passages d'une configuration à l'autre, dans la mesure où la saturation d'une configuration exerce une pression intense qui pousse à l'investissement – voire à l'émergence – d'une autre configuration. C'est à mon avis dans ce sens qu'il faut comprendre le propos de Bion dans *Transformations* (p.173) : « La conception psychanalytique de la cure devrait inclure l'idée d'une transformation par laquelle un élément (est) saturé (et) devient ainsi (capable d') disponible pour une nouvelle saturation »[51].

Ce champ de recherches a déjà été investi par les œuvres de Winnicott et de Bion, notamment, mais aussi par d'autres psychanalystes que j'ai « rencontrés » au fil de mes lectures, sans que ces travaux originaux ne prennent vraiment la dimension d'un « fait choisi », pour reprendre le concept utilisé par Bion, permettant de constituer un nouveau paradigme pour la psychanalyse.

Comme cela a été esquissé dans la première partie de ce livre, la topique du Soi Disséminé peut également donner aux psychanalystes des outils théoriques adéquats pour contribuer à identifier et rendre intelligibles, à travers des collaborations avec d'autres champs de connaissances, les enjeux des évolutions sociales, et en particulier du désastre écosystémique en cours, afin de rendre à l'Homme une « puissance d'agir » individuelle et collective plus créative et moins autodestructrice. Ce serait peut-être cela, l'objet d'une *Weltanschauung* psychanalytique ?

---

[51] J'ai modifié la traduction française qui me semble ne pas correspondre à l'esprit du propos de Bion, lequel, dans la version originale en anglais, est lui-même ambigu.

Vertex, ambiguïté et dynamiques transitionnelles

La perspective topique du Soi Disséminé s'inscrit dans un courant de pensée d'auteurs qualifiés de « post-kleiniens », W.R. Bion et J. Bleger. Il me semble cependant plus intéressant d'envisager les apports innovants de ces deux auteurs comme offrant des ponts entre des théories psychanalytiques différentes, ici celles de M. Klein – où le clivage est placé au fondement du fonctionnement psychique – et celles d'autres penseurs, en particulier Winnicott, mais également des psychanalystes français se positionnant de manière décalée par rapport aux courants dominants des sociétés de psychanalyse, comme D. Anzieu, D. Houzel, R. Kaës, et dans une certaine mesure R. Roussillon.

W.R. Bion : vertex, faits choisis, conjonctions constantes, césures

Ce que j'entends par « configurations psychiques » est lié à ce que Bion conçoit comme « modèles » à partir desquels s'organise et se représente l'expérience, pour se stabiliser comme sens de la réalité. Ces « modèles » amènent des « changements de perspectives » qu'il repère dans ses premiers travaux sur les groupes (Bion, 1961), et qu'il appelle, à partir de son ouvrage *Transformations* (1965), des *vertex*. Dans le traitement des fonctionnements psychotiques de certains de ses patients, il observe des changements de *vertex* spatiaux, mais également sensoriels, dont il fait l'hypothèse qu'il s'agit de « contreparties », au niveau psychique, des fonctionnements somatiques et temporels. Bion théorise l'émergence de ces « modèles » à partir du concept de *faits choisis* (emprunté au mathématicien Raymond Poincaré) : il se produit, dans la pensée de l'analyste, « une évolution, à savoir la réunion, à la suite d'une intuition soudaine et fulgurante, d'une masse de phénomènes incohérents n'ayant aucune relation apparente entre eux, réunion qui leur confère une cohérence qu'ils ne possédaient pas précédemment … Parmi le matériel apporté par le patient, une configuration émerge, un peu comme un kaléidoscope, qui ne semble pas seulement se rattacher à la situation en cours, mais à quantité d'autres situations qui jusqu'alors ne semblaient pas avoir de relation entre elles et que cette configuration n'était pas destinée à mettre en relation » (Réflexion faite, 1967, pp 144-145). Correale (2006) commente ce passage en soulignant qu'« à partir d'un ensemble de faits perceptifs et émotifs, initialement épars et fragmentés, la psyché distingue un facteur organisateur, le fait choisi, qui va agir en tant que conjonction constante permettant une représentation intégrée de cet ensemble »[52].

Cette vision chez Bion d'une nature « polytopique » du psychisme me semble très importante à prendre en considération pour éviter le risque d'une réification de la réalité psychique, mais aussi d'une vision réductrice des fonctionnements psychiques envisagés sous le prisme d'une théorie trop clivante, comme par exemple la distinction entre des parts psychotiques et non psychotiques de la personnalité.

L'approche descriptive des configurations telles que je les envisage dans cet essai peut s'inspirer des travaux de Bion sur les transformations. Si les configurations impliquent une perspective topique, des dimensions dynamiques et économiques (en particulier la notion de saturation) mais aussi génétiques (la perspective du développement) sont également importantes dans le modèle.

Le terme de « configuration » revient assez fréquemment dans les écrits de Bion, sans que, à ma connaissance, les auteurs qui ont étudié son œuvre de manière approfondie n'y accordent une attention particulière. Cela tient sans doute au fait que Bion a utilisé le terme de manière descriptive, et non

---

[52] Correale A. (2006), *PS* ←→ *D* ; In : *Lire Bion*, dir Neri C. et coll, pp70-75

comme concept. Dans son livre « *Transformations* » (1965), sans avoir fait un relevé exhaustif de son occurrence, « configuration » est utilisé pour désigner de manière descriptive, p.ex., « la configuration du cas » (chap. 6, p.96) ; « une configuration de lignes » (p.104) ; cependant, l'usage qu'en fait Bion à la toute fin de *Transformations* me semble s'approcher de mon propos : à l'avant-dernière page du dernier chapitre, Bion écrit que « la configuration que l'on peut tenir pour commune à tous les processus de développement, qu'ils soient religieux, esthétiques, scientifiques ou psychanalytiques, est une progression de « l'infini vide et sans forme » à une formulation « saturée », finie et associée à un nombre, « trois » par exemple, ou à une figure géométrique comme le triangle, le point, la ligne ou le cercle » (p.192). Cependant, la configuration semble relever ici d'une tendance générale, qui s'incarnerait dans différentes « conjonctions constantes ».

Une configuration telle que je l'entends n'est pas autre chose qu'une structure de mise en forme de l'expérience, impliquant une différenciation dedans/dehors qui lui est propre. Cette structure fournit les éléments d'organisation qui caractérisent la configuration en question. Elle n'est donc pas très éloignée de la conception bionienne d'une « conjonction constante » : « Confrontée à l'inconnu, à « l'infini vide et sans forme », la personnalité, quel que soit son âge, remplit le vide (sature l'élément), procure une forme (nomme et lie une conjonction constante) et assigne des limites à l'infini (nombre et position) » (1965, p.192).

Vermote (2019) situe la « césure » dans l'œuvre du Bion entre les chapitres 10 et 11 de *Transformations* (Vermote, 2019, p.123). C'est en effet dans la dernière partie de l'ouvrage que débute une révision profonde des modèles développés précédemment par Bion, autour des transformations en O. S'inscrivent dans cette perspective le caractère inconnaissable de la réalité absolue « de n'importe quel objet » représentée par « O » (pp.166-167) ; le « soi réel » (p.167), point de fuite dans la question de Bion : « Est-il possible, par le biais de l'interprétation psychanalytique, d'opérer une transition entre connaître les phénomènes du soi réel et être ce soi réel » ; la « Déité » (p.167), mode « religieux » de désignation de « l'objet ultime », jamais entièrement atteignable mais qui constitue ce « soi réel » vers quoi tend pour Bion tout le travail psychanalytique ; l' « *infini vide et sans forme* » du poète Milton (p.170), sur lequel les processus de liaison « conquièrent » pour le psychisme individuel des espaces et des formes définies, c'est-à-dire le travail de symbolisation, de différenciation et de représentation.

Une transformation ne peut advenir que dans la mesure où l'analyste et le patient sont parvenus à « habiter » suffisamment une même configuration au sein du champ analytique. Bion précise que « la situation analytique requiert une profondeur de champ supérieure à celle que peut fournir un modèle euclidien » (1965, p.131). A partir de là, je distingue deux catégories de transformations : celles qui sont des évolutions au sein d'une même configuration ; et celles qui réalisent un « saut » de configuration, impliquant une transition du couple analytique dans un espace caractérisé par une enveloppe psychique différente. Ces deux catégories ne coïncident que partiellement avec les catégories « transformations rigides » (« transfert de certaines caractéristiques d'une situation à une autre ») et « transformations projectives » (d'un médium à un autre ») de Bion (1965, pp. 112-113).

Dans un de ses derniers articles (1975), Bion introduit le concept de césure. Cet article ouvre la possibilité de compréhensions diverses, ce qui est, à mon avis, une manière de confronter le lecteur attentif à l'expérience même de la césure. Bion parle de « clivage non pathologique » dans le chef de l'analyste lorsque celui-ci cherche à discerner, au sein de la personnalité « totale » d'un patient, différents vertex. « *Ce qui* rend difficile l'aventure analytique, écrit-il, c'est qu'une personnalité constamment changeante parle à une autre personnalité constamment changeante. Mais il semble que la personnalité ne se développe pas comme un élastique que l'on étirerait. Elle ressemblerait plutôt à un oignon sur lequel se forment un grand nombre de peaux différentes. Ce point souligne l'importance du facteur de la césure, la nécessité de pénétrer un évènement tenu pour dramatique, tel que la naissance, ou une possibilité de succès, ou une dépression ... Nous avons affaire à une série de peaux qui ont été l'épiderme ou le conscient, mais qui sont maintenant des « associations libres » » (1975, pp 250-251)[53]. Bion se demande ensuite comment traverser les différents types de césures rencontrées. Il ne donne pas de réponse directe à cette question, mais fait une allusion un peu sibylline aux « pensées transitoires » : « Les artistes, les musiciens, les scientifiques, les découvreurs », sont, écrit-il, des personnes particulièrement enclines à développer ce type de pensées, et « c'est pendant le transit, au cours du passage d'une position à une autre, que ces gens semblent être le plus vulnérables – comme, par exemple, pendant l'adolescence ou la période de latence » (1975, p.256). L'analyste, écrit-il encore, procède par des « énoncés transitoires sur la voie de l'interprétation » (1975, p.253). Il me semble que cette catégorie des pensées « transitoires » dont parle Bion relève du champ des phénomènes transitionnels décrit par Winnicott.

---

[53] Bion W.R. (1975), *Césure* ; In : *Entretiens psychanalytiques*, Paris, Gallimard, 1980

J. Bleger : l'ambiguïté et l'organisation syncrétique

Bleger, qui se qualifiait de kleinien, est cependant proche de Winnicott dans sa conception d'une première phase du développement du psychisme, antérieure à la position schizo-paranoïde décrite par Klein, qu'il appelle « l'ambiguïté », ou à d'autres endroits « organisation syncrétique », en référence aux travaux de Wallon dont il s'est inspiré. Il s'agit d'une organisation primitive non-différenciée, caractérisée, écrit-il, par « la co-existence de multiples noyaux d'ambiguïté non intégrés … chaque noyau de ce moi « granulaire » est lui-même défini par un manque de discrimination entre moi et non-moi » (1967, p.208)[54]. Leopoldo Bleger (2017)[55] note que pour José Bleger, « dans le noyau agglutiné, il n'y a pas de relation d'objet entre les objets et les noyaux du moi ». Cette description me semble très proche de celle que fait Winnicott des états de non-intégration où il n'y a pas de discrimination entre le bébé et l'environnement. José Bleger souligne d'ailleurs que l'ambiguïté est caractérisée par une omnipotence qui ne relève pas d'un contrôle omnipotent de la réalité : « elle est une façon de structurer et de vivre le monde et non de l'éviter. Elle est une organisation spécifique du moi-monde » (1967, p.228) … « L'omnipotence (dans la personnalité ambiguë) ne résulte pas d'une négation de la réalité … La négation de la réalité n'existe pas là où l'indifférenciation a été conservée … l'ambiguïté n'est pas, pour l'essentiel, un déficit de l'identité : elle est une autre identité et un autre sens de la réalité » (1967, p.229). Il faut souligner que cette phase d'ambiguïté est, dans la description qu'en fait Bleger, une phase normale du développement.

C'est par contre la persistance de cette structure ambigüe qui conduirait à une organisation pathologique spécifique, que

---

54 Bleger J. (1967), *Symbiose et ambiguïté*, Paris, Presses Universitaires de France, 1981

55 Bleger L. (2017) : *José Bleger : penser la psychanalyse* ; Revue Française de Psychanalyse, LXXXI, 3 : 149-183

Bleger appelle la « symbiose ». Celle-ci se caractérise par la transformation des noyaux ambigus en ce qu'il appelle les « noyaux agglutinés », peut-être dans un mouvement de régression défensive (Bleger n'est pas très explicite à propos de cette transformation), un peu comme la « désintégration » décrite par Winnicott dans la psychose est une forme de régression pathologique à quelque chose d'analogue, mais réinvesti sur un mode défensif sous-tendu par des angoisses catastrophiques, aux états primitifs de non-intégration. Relevons une fois encore l'apport considérable de la terminologie winnicottienne, qui permet de distinguer systématiquement non-différenciation et dé-différenciation, non-intégration et désintégration, pour qualifier d'une part ce qui relève du non encore advenu, le potentiel informe à partir duquel quelque chose pourra prendre formes, de la régression défensive à une « dé » - différenciation qui fige un bastion de confusion comme muraille face à une différenciation intolérable menaçant la continuité du sentiment d'exister.

L'état syncrétique ou ambigu est caractérisé par une non-discrimination entre les ébauches primitives du soi et un « dehors » non encore constitué comme tel, qui ne s'accompagne pas d'un sentiment de confusion. La confusion ne survient que lorsqu'une discrimination, qui a commencé à s'installer, se perd secondairement dans un mouvement régressif défensif (Bleger, 1967, p.47). Leopoldo Bleger (2017) note qu' « on confond souvent l'ambiguïté avec la confusion, mais celle-ci correspond au sentiment face à l'ambiguïté, dans le contretransfert. Il faut distinguer l'ambiguïté du sujet avec l'effet qu'elle produit chez son interlocuteur ».

L'ambiguïté, en tant que non-différenciation première, relève ainsi de la catégorie de l'informe utilisée par Winnicott. Elle se présente comme un creuset et une réserve de créativité pour le psychisme.

A l'inverse, la symbiose se constitue, comme formation défensive contre l'ambiguïté, lorsque les noyaux ambigus se transforment de manière rigide en noyaux agglutinés. Pour

Bleger, une telle transformation semble inévitable, sous-tendant les secteurs de fonctionnement psychotiques de tout un chacun. Tout se joue ainsi au niveau du maintien de zones d'ambiguïté fonctionnelles, ou au contraire de leur transformation plus ou moins importante en fonctionnement symbiotique sous-tendu par une défense projective spécifique, « agglutinée », où l'objet interne en voie de différenciation se trouve émietté et projeté chez le « dépositaire » pour être, dans un deuxième temps, ré-incorporé comme noyau agglutiné. Bleger décrit là au fond un échec précoce de l'identification projective, qui peut être mise en lien avec une défaillance de la fonction transformatrice de la « rêverie maternelle » (Bion) ou de la « préoccupation maternelle primaire » (Winnicott).

Notons toutefois que Bleger envisage explicitement la possibilité d'une mobilisation des noyaux agglutinés, qui pourraient se transformer par un processus qu'il qualifie de « métamorphose »[56] (Bleger, 1967, p.230). Ce n'est sans doute pas un hasard si ce terme de métamorphose désigne aussi un processus d'identification caractéristique de l'ontologie animique décrite par l'anthropologue Ph. Descola (2005).

Leopoldo Bleger (2017) relève, à propos du concept de syncrétisme développé par J. Bleger (Bleger J., 1973), qu' « un des enjeux est de repenser autrement la question du narcissisme, de la reformuler en termes de structure syncytiale. Le narcissisme primaire présuppose un sujet isolé qui va se connecter et entrer peu à peu en relation avec les autres et le monde extérieur, alors que la structure syncytiale implique que le sujet doit peu à peu se différencier au cours du développement, opérant un changement dans sa relation avec le monde extérieur » (Bleger L., 2017, pp 172-173). Cette remarque est importante car elle permet de distinguer un

---

56 Si Bleger analyse dans son livre le roman de Christiane Rochefort, *Le repos du guerrier*, on pense aussi à *L'ivresse de la métamorphose* et à *Vingt-quatre heures de la vie d'une femme*, de Stefan Zweig

narcissisme « syncytial », où l'investissement libidinal se porte sur l'unité primitive « sujet-environnement », du narcissisme primaire « freudien » qui « présuppose un sujet isolé qui va se connecter et entrer peu à peu en relation avec les autres et le monde extérieur » (Bleger L., 2017).

Cette distinction entre un secteur du psychisme se maintenant dans le registre de la non-différenciation, et un secteur organisé sous l'égide de la dé-différenciation, sous-tendant les fonctionnements psychotiques, me semble particulièrement importante à maintenir. Elle amène par exemple également à nuancer les hypothèses de Bleger sur l'immobilisation, par et dans le cadre, des aspects syncrétiques de la personnalité : cette immobilisation concerne à la fois des parts dé-différenciées, mais également un potentiel de non-différenciation, qui rend compte des possibilités de changements non catastrophiques des organisations, des sociétés et des cultures.

La symbiose est un processus d'identifications projectives croisées entre le déposant et le dépositaire (Bleger reprend la distinction de Pichon-Rivière entre le déposant, le déposé et le dépositaire, et distingue la projection qui reste sans effet sur le dépositaire, de celle où le dépositaire « agit » le rôle correspondant au déposé), se traduisant par un entrecroisement des rôles. L'enjeu pour l'analyste dans le traitement est de jouer son rôle de dépositaire sans se fusionner avec le déposé, c'est-à-dire sans perdre sa personnalité et son identité (ce qui suppose une analyse de la contre-identification projective) (1967, p.114) : « le moment technique central est celui de l'introduction d'un clivage entre l'analyste et le déposé (projeté) en lui. Il faut cliver le rôle de psychanalyste, que nous devons assumer, de celui de dépositaire, que nous devons jouer » (1967, p.115) : c'est la répétition de ces moments qui amène la fragmentation du noyau agglutiné.

Sur le plan technique, Bleger distingue les interprétations clivées (clivage entre le psychanalyste et ce qui est projeté en lui), qui provoquent une réintrojection ; ou sans clivage (ne différenciant pas l'analyste de ce qui est projeté en lui), qui établissent une connexion entre le dedans et le dehors du patient (1967, p.118) ; les deux se complétant, mais les secondes devant en général précéder les premières (1967, p.119).

Ces développements de Bleger montrent bien la délicate position transitionnelle d' « ouvreur » que doit arriver à occuper l'analyste lors du traitement de ces pathologies où le fonctionnement mental du patient est immobilisé dans quelques configurations psychiques fondées sur des différenciations rigides et peu mobilisables car très défensives. Dans ces situations, le clivage chez l'analyste est à la fois ce qui permet l'analyse, et ce qui menace de détruire le processus analytique. Bleger propose comme préalable à la mobilisation de ce clivage, de s'appuyer sur la distinction faite par Bion entre « splitting » et dissociation, qu'il rapproche de celle établie par Bleuler entre « Zerspaltung », « fragmentation irrégulière et dispersion désordonnée de l'objet agglutiné » et « *Spaltung* », « dissociation qui sépare des parties déjà distinctes » (1967, p.50) : la première serait propre à la position glischro-caryque[57], séparant le moi de l'objet agglutiné et entreprenant de fragmenter ce dernier pour le transformer. Bleger définit la fonction de discrimination (synonyme pour lui de clivage, et sa perte, de fusion, 1967, p.111) comme ce qui permet de faire émerger la position schizoïde à partir des noyaux agglutinés.

Les travaux de Bleger nous permettent de nous représenter le caractère dramatique de la dépendance qui caractérise la relation symbiotique dans sa fonction d'immobilisation et de

---

[57] A partir de son étude de la symbiose, Bleger postule l'existence d'une position antérieure aux positions schizo-paranoïdes et dépressives décrites par Klein, la position « glischro-caryque », caractérisée par une relation d'objet agglutiné, point de fixation de l'épilepsie

contrôle des noyaux agglutinés, et l'intensité de la souffrance que suscite sa mise en danger : « La perte de l'immobilisation et du contrôle de l'objet agglutiné … est massive, en bouffées, paroxystique et provoque ou menace de provoquer l'anéantissement total et immédiat du moi du sujet ; cette mobilisation est accompagnée d'une anxiété … catastrophique … Les techniques défensives qui agissent face à l'objet agglutiné sont les plus primitives et apparaissent elles aussi violemment … : dissociation, projection et immobilisation » (1967, p.48).

Dans le même sens, Meltzer (2006)[58] souligne que « Bion était persuadé que les processus qui engendrent les métaphores et les symboles, nécessaires pour comprendre les rêves et les pensées des rêves, sont des processus potentiellement douloureux, et équivalents à ce que Melanie Klein a décrit comme la transition de la position schizo-paranoïde à la position dépressive ». Les changements de vertex, et/ou l'opération d'établissement de passages entre des *vertex* différents, impliquent de ce fait des aménagements du lien thérapeutique et/ou du cadre soutenant la capacité du patient de tolérer une certaine souffrance psychique, en la maintenant dans des limites ne menaçant pas trop le sentiment de cohérence suffisante du Soi et la continuité du sentiment d'exister.

Lorsque la douleur est trop importante, ou la menace trop grande, ces changements sont empêchés. Dans ces cas, les processus de symbolisation de l'expérience peuvent s'inverser, produisant les éléments béta. De la même manière, les idées nouvelles peuvent susciter l'émergence d'« angoisses catastrophiques », car, écrit Meltzer (2006), « une idée nouvelle impose à l'individu de … démanteler momentanément la structure globale de son monde intérieur, pour pouvoir le reconstruire ensuite en y incluant l'idée

58 Meltzer D. (2006) : Le modèle de la psyché selon Bion : notes sur la fonction alpha, inversion de la grille alpha et grille négative. In : *Lire Bion*, dir. Neri C. et coll., pp 53-60

nouvelle ; dans ce moment de chaos, le système délirant se présente à l'individu sous sa forme la plus séduisante » (p.57).

Heureusement, dans des pathologies moins sévères, ou lorsque les dispositifs thérapeutiques sont spécifiquement adaptés à des pathologies lourdes, ces changements s'accompagnent également d'un sentiment de découverte, de clarté et de détente, sur lesquels insiste A. Correale (2006).

De l'espace transitionnel au réseau des phénomènes transitionnels

Ces translations d'un espace psychique à un autre, qui caractérisent notre existence humaine, s'opèrent avec une plus ou moins grande fluidité qui s'avère déterminante pour notre santé mentale et nos capacités d'adaptation à l'inéluctabilité de notre dissémination, exacerbée par les transformations sociales. Cette fluidité dépend de la disponibilité des zones non-différenciées du psychisme - que J. Press (2019b) envisage selon la catégorie winnicottienne de « l'informe » -, qui trouve son expression dans la qualité de nos fonctionnements transitionnels. Rappelons à cet égard que Winnicott (1951) concevait le travail de différenciation et de liaison des réalités internes et externes comme une tâche incessante[59].

Si on accepte l'idée d'une pluralité d'espaces et d'enveloppes psychiques, et donc aussi d'une pluralité de configurations et de différenciations dedans/dehors, entre lesquels s'opèrent constamment des transitions, tout au long de la vie psychique diurne et nocturne, on en vient à concevoir le « transitionnel » comme l'ensemble des processus qui sont sollicités pour rendre possibles ces transitions continuelles tout en évitant des angoisses catastrophiques de perte de contenants. Le « transitionnel » n'est plus envisagé comme un espace en soi, intermédiaire, situé pour chaque individu entre un dedans et un dehors stables et définis, mais comme un réseau de phénomènes de nature transitionnelle, assurant une fonction interstitielle entre une pluralité de différenciations dedans/dehors propres à chaque complexe individu-environnement. Les passages entre ces différents niveaux –

---

[59] « … cette tâche humaine incessante qui consiste à maintenir la réalité intérieure et la réalité extérieure distinctes et néanmoins étroitement reliées l'une à l'autre » (Winnicott, 1951)

d'une configuration vers une autre – sollicitent des fonctionnements transitionnels - qui peuvent se trouver en échec. Les rapports entre ces enveloppes plurielles (impliquant des registres temporo-spatiaux hétérogènes), leurs zones de fragilité, de souplesse et de rigidité, définissent pour J. Guillaumin (1987) la topique et l'état fonctionnel du système.

Je me demande dans quelle mesure l'oscillation PS/D, que Bion expose dans *Aux sources de l'expérience* (1962), et qu'il présente comme un moteur essentiel de l'organisation de la psyché, n'impliquerait pas, elle aussi, la mise en jeu de phénomènes de nature transitionnelle. En effet, elle me semble paradigmatique de ce que je conçois comme passages continuels d'une configuration psychique à une autre.

J'ai esquissé au chapitre précédent une vision « winnicottienne » d'un passage transitionnel d'une configuration à une autre, *via* un moment de suspension de la différenciation dedans/dehors. Je reprends, au début du chapitre conclusif de cet essai, le modèle d'un « saut transductif » proposé par Scarfone, qui offre une autre piste, avec cependant cet apport supplémentaire que le processus de transduction pourrait par lui-même provoquer le cas échéant la création d'une nouvelle configuration. La perspective des transformations en O, approchant un « infini sans forme », reprend-elle autrement la figure de l'informe winnicottien et des phénomènes transitionnels, dont les transitions de l'éveil au sommeil et, au cours du sommeil, de l'activité rêvante à la mise en forme d'un rêve, fournissent des exemples paradigmatiques ? L'avantage que présente à mes yeux la version transitionnelle de Winnicott sur celle du « devenir O » de Bion est qu'elle évite la connotation mystique et l'impression que cette tendance vers « O » serait une sorte d'extase réservée à quelques psychanalystes bioniens particulièrement inspirés. Dans *Transformations*, Bion évacue implicitement la question d'un lien entre les phénomènes transitionnels et le fait de « tendre vers O », en notant que « les sentiments de dedans et dehors, d'objets internes et externes, d'introjection et de projection, de contenant et de contenu, sont tous associés à C » (p.171). Je pense pour ma part qu'il est relativement acceptable de postuler une équivalence entre les processus transitionnels de Winnicott et le « devenir O » de Bion.

Le passage d'une configuration à une autre, ou plus précisément le passage de l'investissement d'une configuration à l'investissement d'une autre configuration, suppose que la « forme » de la première configuration soit temporairement désinvestie, abandonnée, qu'elle se « défasse », que le sujet s'en « déprenne », ce qui le fait passer par un temps « informe », nécessaire pour qu'il se « reprenne », se retrouve dans une autre modalité de mise en forme de l'expérience, une autre configuration, dont il est attendu qu'elle corresponde mieux à l'enjeu de son état psychique du moment.

L'informe, le non-différencié, le « O » de Bion, constitue donc un élément essentiel du fonctionnement mental ; que ce matériau psychique devienne inaccessible, ou, dans le travail analytique, que cet accès soit répétitivement entravé par les théories implicites ou explicites de l'analyste, va confiner le fonctionnement mental de l'analysant, et le travail du couple analytique, dans un champ restreint au sein duquel les phénomènes de répétition vont limiter les possibilités de changement, voire paralyser toute possibilité significative de transformation.

Ainsi la santé psychique peut-elle être envisagée comme sous-tendue par la mobilité de la topique dedans/dehors, se traduisant par des passages réguliers d'un « monde » à l'autre, d'une configuration psychique à une autre ; le travail de l'analyse doit être attentif à l'émergence de ces phénomènes transitionnels constitutifs d'une variété « infinissable » (pour reprendre l'expression de Guillaumin, 1987) d'« espaces » formant un réseau transitionnel. L'élaboration de ce qui fait obstacle au fonctionnement de ces passages, se traduisant par des paralysies de la transitionnalité et des impasses traumatiques de la symbolisation, constitue le cœur du travail psychanalytique. C'est très évident dans les pathologies psychotiques symptomatiques, où une rigidification défensive limite de manière invalidante la mobilité des configurations psychiques, autorisant peu de jeu dans les aménagements des frontières dedans/dehors. Ces défenses éloignent le risque de rupture du sentiment d'exister, mais ont pour conséquence un appauvrissement du fonctionnement psychique laissant beaucoup de place aux versants destructeurs de la compulsion de répétition. Mais ce travail sur les configurations psychiques se retrouve, si l'on y porte attention, dans tout traitement psychanalytique, plaçant les conditions de possibilité d'une mobilisation des configurations psychiques du patient et de l'analyste au premier plan du potentiel transformateur de l'ensemble cadre/dispositif/processus.

Ce travail me semble étroitement lié à la place du jeu, au sens que Winnicott lui a donné, et dont René Roussillon a mis en évidence avec force la triple dimension métapsychologique, développementale et thérapeutique. Dans *Les jeux du cadre* (1995), septième chapitre d'un ouvrage qui met en place les éléments d'une théorie générale des dispositifs psychanalytiques, Roussillon situe le jeu comme analyseur des différentes modalités de la symbolisation et de ses impasses. Il décrit différentes formes de jeu typiques qui « s'emboîtent » les unes dans les autres : « chaque boucle élaborative forme ainsi un cadre, un fond, pour un nouveau jeu plus complexe, qui lui-même étayera la forme suivante ». Ce modèle permet de mieux conceptualiser les niveaux d'intervention de l'analyste. Il est particulièrement important avec des patients, ou à des moments traumatiques des cures de certains patients, où ce qui est en jeu est la capacité de jouer elle-même. Reprenant ces développements dans *Le jeu comme objet* (2008b), Roussillon distingue trois temps de ces formes de jeux : le temps intersubjectif, qui se joue avec un autre (jeu du coucou, jeu de la spatule) ; le temps auto-subjectif, solitaire, où l'autre est témoin (jeu de la bobine, « capacité d'être seul face à la pulsion en présence de l'autre ») : certains jeux se prêtent particulièrement au passage du temps intersubjectif au temps auto-subjectif (jeux de construction, jeu du miroir) ; et, troisième temps, intra-subjectif, correspondant au rêve.

Pour Roussillon, le jeu « met en scène tout le travail du moi, ses processus transformateurs et moteurs, qu'il contribue ainsi à rendre appropriable par l'enfant » (2008b).

Dans le modèle que je propose, le travail du jeu occupe une fonction essentielle pour permettre le passage d'une configuration psychique à une autre. Je note en effet que Roussillon, dans un autre chapitre de ce même ouvrage de 1995, distinguait trois modalités de l'épreuve de réalité, déterminant trois sens de la réalité différents, « tripolarité (permettant) de penser la complexité clinique des clivages du moi et des rapports différentiels du moi à la réalité » (pp.173-174): le « Moi-réalité d'emblée présent, directement dérivé de la perception », opposé au moi-plaisir ; l'épreuve de réalité étayée sur la motricité et le mouvement ; la réalité de l'objet éprouvée dans sa survie à la haine. Ces sens de la réalité différents se conjuguent, mais leur manifestation dans la rencontre psychanalytique est liée aux modalités du dispositif.

A l'appui de mon hypothèse, je reprends l'idée de Roussillon de « temps « médium malléable », temps forts et mutatifs, (qui) scandent le processus psychanalytique en réalisant en une figure précaire, nécessairement limitée dans le temps, une adéquation aconflictuelle entre cadre, cadre de la représentation, transfert, et analyse, moments où l'utopie se réalise avant de se redécouvrir non moins nécessairement habitée par un nouveau mode du conflit » (1995, p.206). L'utopie qu'évoque Roussillon me semble difficilement compatible avec le Moi de la topique freudienne, elle est non seulement transitionnelle mais également interstitielle, elle est ce non-lieu qui sépare et lie les espaces dessinés par les configurations psychiques, sorte de tissu conjonctif des topiques du Soi. Le mouvement de prise/lâcher-prise/reprise décrit par Roussillon (« quand le jeu réussit »), est un mouvement de transposition topique, de transfiguration. Ce mouvement s'accompagne, comme il le note également, d'un affect de jubilation. Cet affect particulier, qui a été identifié par Lacan dans « l'assomption du Je » lors du stade du miroir, doit être distingué du plaisir : je ferais l'hypothèse que le plaisir est une expérience qui se joue au sein d'un espace psychique donné, il est spécifique d'une expérience propre à une configuration psychique. Au contraire, la joie témoigne de la réussite du passage d'une configuration psychique à une autre, qui permet une véritable introjection, c'est-à-dire l'appropriation subjective d'une ouverture de l'espace psychique (« une découverte de soi »).

La place de l'interprétation – dont Winnicott à la fin de sa vie recommandait de la réserver à l'exploration de ce que l'analyste ne comprend pas – est peut-être la plus opérante lorsqu'elle porte sur ce qui s'oppose aux passages d'une configuration psychique à une autre : les impasses du jeu entre les configurations psychiques.

Conclusion :
le Soi Disséminé et la perspective des systèmes dynamiques complexes

Cet essai appelle des développements ultérieurs, à la fois sur les plans clinique et théorique. A ce dernier niveau, je pense que la psychanalyse peut bénéficier grandement d'approches transdisciplinaires. Cette conclusion souhaite ouvrir des espaces dans ce sens. Les théories des systèmes dynamiques complexes me semblent susceptibles de soutenir cette démarche, comme le montrent les travaux suivants.

La transduction de la trace

La question de l'émergence du psychique, de son développement et de son extension dépasse à l'évidence le seul champ de la psychanalyse. La contrepartie de cette conviction réside en ceci que la psychanalyse se trouve dans la nécessité de penser les théories issues des pratiques cliniques du soin psychique dans leurs rapports avec les autres champs de connaissances qui concernent la nature de l'humain. Et un des problèmes de cette contrepartie se situe au niveau de la difficulté de circonscrire ces champs de connaissances, qui pourraient bien s'étendre bien au-delà des sciences dites humaines. Une manière de résoudre partiellement le problème – congruente avec le fait que c'est la rencontre d'une ou de plusieurs personnes dans un cadre thérapeutique qui assure une certaine légitimité et consistance à nos théories psychanalytiques - serait de partir de l'individu et d'étendre progressivement notre champ d'appréhension des réalités humaines à partir de ce centre.

Jean Laplanche, avec sa théorie de la séduction généralisée, a proposé une théorie qui place l'inconnu du sexuel au cœur de l'émergence de la pulsion dans la rencontre entre l'*infans* et l'adulte. Dans un article récent, Dominique Scarfone (2020) met au travail la notion de « trace », à partir de la critique que fait Laurence Kahn du concept de signifiant énigmatique de Laplanche. Pour Scarfone, la trace ne peut se concevoir comme empreinte positive, mais comme « présence évanescente …, à peine pensable et encore moins détectable en tant que telle … ». La question est bien en effet celle de l'utilisation dans le champ des représentations d'un concept qui renvoie à une « chose » à la fois originaire, irreprésentable, et néanmoins indispensable pour penser le psychique. Scarfone s'appuie sur la théorie des systèmes vivants autopoïétiques élaborée par Varela et Maturana : « Fait système, écrit-il, tout ce qui s'auto-organise à la faveur d'une « clôture opérationnelle » - barrière semi-perméable à travers laquelle une circulation est possible à certaines conditions, mais qui garantit la permanence des lois internes au système à l'encontre de ce qui se constitue comme environnement ». L'instauration d'un dedans et d'un dehors est ainsi un élément déterminant de la constitution d'un système, et l'autopoïèse « est le fonctionnement qui assure l'autoréparation et l'auto-entretien permanent du système dans un rapport dynamique avec son environnement ». Un sociologue s'inscrivant dans cette perspective, Niklas Luhman, considère le langage (qui se situe à un autre niveau que les langues, comme le rappelle Scarfone en s'appuyant sur les travaux de Saussure) comme un « non-système ». Scarfone reprend cette idée et envisage le langage comme ce qui assure au mieux « un « couplage » entre le système psychique individuel et l'environnement constitué par le système socio-culturel ». D'autre part, il assimile la trace à cet « énigmatique intraduisible » du sexuel adulte qui, dans le modèle de Laplanche, contamine le message (en cela, « message compromis ») adressé à l'infans et constitue le « Sexual », néologisme proposé par cet auteur. Scarfone introduit l'idée, qui n'est pas présente en tant que telle chez Laplanche, que ce « bruit aux frontières », « intraduisible », fait l'objet d'une « transduction », d'un « saut transductif », c'est-à-dire de la « propagation structurante » (Simondon, 1989) d'un signal qui s'accompagne d'une transformation (Scarfone parle de « *transmutation* ») de la nature de ce signal lui permettant de s'inscrire dans les caractéristiques structurelles du système d'« accueil ». Ainsi, c'est le fait que le sexuel adulte intraduisible soit comme intriqué à un message « *ordinaire* » de la communication signifiante de l'adulte avec le bébé ou le petit enfant, qui impose l'opération d'une transduction de cette « trace irritante », de ce « bruit » parasite. C'est de ce processus que résultent les signifiants énigmatiques qui sont, eux, déjà de l'ordre de la représentation. Scarfone note que cette trace « *irritante* » produit nécessairement une différenciation topique au sein du psychisme, qu'il réfère aux instances freudiennes ; ainsi, la « *transduction* » ne se produit pas seulement entre le psychique individuel et l'« environnement », co-émergents dans le processus d'individuation (Simondon), mais également entre les « divers systèmes emboîtés l'un dans l'autre (par exemple d'ics à pcs-cs) ». Scarfone postule en effet que les « fueros » freudiens, ces « restes » intraduisibles qui résultent du caractère toujours partiel des passages d'un niveau de représentation/ symbolisation à un autre, peuvent faire l'objet d'un même processus « transductif ». Il se dégage de ces perspectives que « la transduction ne transforme donc pas la trace elle-même ; elle contraint le psychique à se réorganiser autopoïetiquement, à se recomposer face à l'effet perturbateur de la trace ».

Ce modèle d'émergence des différenciations topiques me semble donc compatible avec celui des configurations dont j'ai développé les grandes lignes dans cet essai. Cependant, dans quelle mesure les propositions de Scarfone concernent-elles l'ensemble du psychisme, ou de manière plus limitée le champ du pulsionnel auquel s'intéresse traditionnellement la psychanalyse ?

Le Soi comme système dynamique complexe

A cet égard, je mentionnerai ici les travaux d'un psychologue français, Benoît Virole, qui, partant de sa formation et de sa pratique de psychanalyste, s'est intéressé, dans le cadre de son travail avec des enfants sourds et avec des enfants autistes, aux sciences cognitives puis aux théories des systèmes complexes et à la théorie des catastrophes de René Thom (Virole, 2019).

Virole s'attache ainsi à réduire ce qu'il identifie comme « disjonction épistémologique » de la psychanalyse par rapport au mouvement général des sciences. Dans un article intitulé « *La crise de la psychanalyse* » (2011), il pointe « la différence entre une approche scientifique postulant la discontinuité du réel et l'approche de la psychanalyse posant la nature continue des pulsions … (reposant sur) … le maintien d'une métaphore énergétique non mesurable » (p.7). « C'est donc, écrit-il, à la psychanalyse de s'ouvrir si elle ne veut pas mourir ou devenir l'agent d'un obscurantisme contemporain » (p.12).

Virole relève que « la complexité du vivant est hors de la portée d'un système théorique quel qu'il soit mais (qu') il est possible de réaliser dans cette complexité des sections locales d'intelligibilité … Aucune de ces sections d'intelligibilité ne peut prétendre recouvrir la totalité du système complexe du vivant. Mais les objets traités sont liés dans le déploiement du système et correspondent à différents niveaux d'intégration » (p.8).

Virole propose de ce fait de recourir au paradigme des systèmes dynamiques complexes[60] [61]. Il note qu' « un système complexe permet l'articulation entre une variable continue et un apparaître discontinu » (p.8). Il propose donc de réexaminer l'épistémologie psychanalytique dans cette perspective, et, pour ce faire, de décrire des interfaces entre le système dynamique de la psychanalyse et d'autres systèmes scientifiques.

Le premier enjeu est à cet effet de définir les axes théoriques qui permettent d'assurer à la psychanalyse une cohérence minimale mais suffisante. Il propose de retenir trois pôles : l'existence de l'inconscient ; le caractère continu de la pulsion sexuelle (différenciée de l'instinct) ; et l'identification, dans ses registres objectaux et narcissiques.

Le second temps réside dans la *Théorie des attracteurs psychiques,* article homonyme de 2016 où Virole introduit l'idée que « l'activité psychique, émergente de l'interconnectivité neuronale, présente des propriétés proches de celles d'un système dynamique comportant des attracteurs en interaction constante » (Virole, 2016a, p.2). Nous avons déjà rencontré précédemment dans cet essai la notion d'« attracteur » avec les travaux de D. Houzel. Un « attracteur » est ici défini par Virole « comme une position de stabilité relative dans l'ensemble dynamique complexe des représentations mentales, des émotions, et de façon générale de l'ensemble des états mentaux. Un attracteur attire vers une position de stabilité les trajectoires évolutives des pensées, des croyances, des

[60] « Un système dynamique complexe est un système de forces en interaction constituées chacune de plusieurs facteurs interagissants, dont l'identité n'est pas connue a priori et dont les valeurs peuvent changer continuellement alors que les paramètres du système global restent constants » (p.8, cf. Le Moigne J.L., La modélisation des systèmes complexes, Dunod, 1999)

[61] « Tout système complexe doté de capacités d'auto-organisation plongé dans un environnement comportant le hasard évolue en modifiant ses états intérieurs et en générant des morphologies et des fonctions nouvelles (Atlan, 1979) »

sentiments, des émotions et des fantasmes. Un attracteur peut bifurquer en un autre type d'attracteur, se scinder, se fusionner par résonnances (similitudes) ou bien être en conflit dynamique avec un ou plusieurs autres attracteurs … Les différents états mentaux résultent des interactions complexes entre ces attracteurs. Dans certaines conditions, un état mental prend le dessus sur les autres et devient dominant jusqu'à ce qu'une modification des paramètres contrôlant le système le fasse bifurquer vers un autre état. Ce système dynamique est contrôlé par le déploiement d'une figure de régulation, au sens donné à ce terme par René Thom, à savoir une structure qui intègre différents paramètres externes dont certains sont eux-mêmes sous le contrôle du génome. Cependant, le génome contrôle les points de bifurcation entre les attracteurs et non l'ensemble du système » (Virole, 2016a, p.2).

Virole décrit ensuite quatre attracteurs, correspondant à peu près aux « positions » de l'école kleinienne et post-kleinienne. Il fait également l'hypothèse de l'existence d'un système actif oscillant entre ces différentes positions attractives qui rend compte la générativité des processus de création et d'abstraction, similaire à celui décrit par Bion pour l'oscillation schizo-paranoïde/dépressive (projection/ introjection). Cette hypothèse des attracteurs psychiques correspond dans ses grandes lignes à ce qui sous-tend l'organisation des configurations psychiques.

Dans un autre article de 2016, *Topique de la complexité*, Virole développe l'hypothèse que le psychisme, « peut être décrit par un agencement topique, c'est-à-dire une description spatiale de ses éléments constituants et permettant l'exécution de ses fonctions » (Virole, 2016b, p.1), la topique du soi. « Le soi, écrit-il, est la topique de complexité supérieure permettant l'interface de l'individu avec les systèmes collectifs au travers des fonctions d'individuation et de virtualisation (projection anticipatrice de la réalisation de soi) (*ibid*, p.2).

Dans la perspective de Virole, le soi est décrit comme une instance holistique (dont le fonctionnement global dépasse la simple juxtaposition de ses constituants), sa nature est autopoïetique (Varela, 1995), son autorégulation est téléonomique (elle se confond avec sa forme d'existence) ; sa stabilité structurelle est dépendante des attracteurs psychiques qui constituent des champs de régulations.

Sur le plan de l'individuation psychique, Virole met en exergue deux positions attractantes extrêmes du narcissisme, issues des travaux de H. Kohut, le Soi grandiose (tentant d'annihiler l'arrière-plan social) et l'identification à une imago parentale idéalisée générant la fusion dans un idéal collectif.

Un des intérêts du modèle du soi comme système dynamique complexe développé par Virole est de proposer une instance intégrative où les perspectives cognitives et psychanalytiques pourraient s'articuler tout en conservant leur logique intrinsèque.

Ces ouvertures permettent d'envisager le psychisme humain en s'inspirant de modèles scientifiques actuels, qui ont intégré les avancées impressionnantes dans les domaines de la physique, de la biologie, du numérique et de l'intelligence artificielle.

Nous voyons ainsi que le concept de transduction utilisé par D. Scarfone, importé d'un « ailleurs » de la psychanalyse, pourrait apporter une perspective nouvelle pour appréhender les phénomènes transitionnels décris par Winnicott, auxquels j'ai attribué une fonction centrale dans les translations entre configurations psychiques. Dans le même ordre d'idées, la notion d'"attracteurs psychiques" utilisé par B. Virole (et dont D. Houzel avait déjà fait usage dans ses développements sur les enveloppes psychiques), constituent un second concept-clé dans le modèle du Soi-Disséminé et des configurations psychiques.

Enfin, des exemples cliniques devraient être rassemblés pour illustrer et expliciter davantage les idées introduites par le présent essai. Ils pourraient être complétés de façon fructueuse par des explorations d'un autre champ important de l'expérience humaine, auquel Freud, mais aussi, différemment, Winnicott, accordaient une haute valeur pour la psychanalyse : celui de la création artistique.

Bibliographie

Ameisen J-C. (1999), *La sculpture du vivant*, Paris, Le Seuil, 2003

Anzieu D. (1985), *Le Moi-peau*. Paris, Dunod

Anzieu D. (2003, dir.), *Les enveloppes psychiques* ; Paris, Dunod

Bayle G. (2012), *Clivages*. Paris, PUF

Bion W.R. (1961), *Recherches sur les petits groupes*. Paris, PUF, 1965

Bion W.R. (1962), *Aux sources de l'expérience*, Paris, PUF, 1979

Bion W.R. (1963), *Eléments de psychanalyse*. Paris, PUF, 1979

Bion W.R. (1965), *Transformations : passage de l'apprentissage à la croissance*. Paris, PUF, 2002.

Bion W.R. (1967), *Réflexion faite*, Paris, PUF, 2001

Bion W.R. (1975), *Césure*. In *Entretiens psychanalytiques*. Paris, Gallimard, 1980.

Bleger J. (1967), *Symbiose et ambiguité*, PUF, Paris, 1981

Bleger J. (1973), *Ambiguity : a concept of psychology and psycvhopathology* ; in : Arieti S. (ed) *The World Biennal of Psychiatry and Psychotherapy*, vol.2, New York, Basic Books, pp. 453-470

Bleger L. (2017), *José Bleger : penser la psychanalyse* ; Revue Française de Psychanalyse, LXXXI, 3 : 149-183

Bollas Ch. (2007), *Le moment freudien* ; Paris, Editons d'Ithaque, 2011

Correale A. (2006), *PS* ←→ *D*. In : *Lire Bion*, dir. Neri C. et coll., pp 70-75

Craig T., Rus-Calafell M., Ward Th. *et al.* (2015), *The effects of an Audio Visual Assisted Therapy Aid for Refractory auditory hallucinations (AVATAR therapy): study protocol for a randomised controlled trial* ; Trials, vol. 16, no 1, p. 349.

Delaunoy J. (1989), *La construction de la réalité* ; Revue belge de psychanalyse, 14 : 15-27 et 15 : 23-34

Delaunoy J. (2010), Note de lecture : *Une autre pensée psychanalytique*, de Carvalho R.,

Ginzburg A., Lombardi R., Sachez-Cardenas M. (2006), Paris, L'Harmattan ; Revue belge de psychanalyse, 56 : 115-120

Descola Ph. (2005), *Par-delà nature et culture* ; Gallimard, Paris

De Micco V. (2019), Esprits migrants, esprits adolescents *; Revue belge de psychanalyse*, 75 (à paraître)

Freud S. (1915), *Complément métapsychologique à la théorie du rêve*, In : *Métapsychologie,* Paris, Gallimard, 1968

Freud S. (1923), *Le Moi et le Ça*, Paris, Payot, 1981

Freud S. (1929), *Malaise dans la culture* ; Paris, Presses Universitaires de France, 1995

Freud S. (1933), *Nouvelles conférences d'introduction à la psychanalyse,* Paris, Gallimard, 1984

Gozlan A. (2016), *L'adolescent face à Facebook,* Paris, In Press

Guillaumin J. (1987), Les enveloppes psychiques du psychanalyste. Quelques hypothèses pour une application de la théorie des enveloppes psychiques à l'étude du fonctionnement du psychanalyste *;* in : Anzieu D. et coll, *Les enveloppes psychiques* ; Paris, Dunod

Kerr Ph. (2017), *Bleu de Prusse*, Paris, Le Seuil, 2018

Leroi-Gourhan A. (1943), *L'homme et la matière,* Paris, Albin Michel, 1971

Leroi-Gourhan A. (1945), *Milieu et techniques*, Paris, Albin Michel, 1973

Loewald H.W. (1949), *Moi et réalité* ; Revue Française de Psychanalyse, 2001/2 : 349-365

Magnenat L. (2019), Le propre de l'homme à l'âge de l'anthropocène ; in : Magnenat L. (dir), *La crise environnementale sur le divan* ; Paris, In Press, pp 145-248

Matot J-P. (2014b), « Quel patient veut être le poème ou le tableau de quelqu'un d'autre ? *» Revue Belge de Psychanalyse*, 64 : 31-50

Matot J-P. (2019), *L'Homme décontenancé I. De l'urgence d'étendre la psychanalyse* ; Paris, L'Harmattan

Meltzer D. (2006), *Le modèle de la psyché selon Bion : notes sur la fonction alpha, inversion de la grille alpha et grille négative.* In : *Lire Bion*, dir. Neri C. et coll., pp 53-60

Merleau-Ponty M. (1945), *Phénoménologie de la perception*, Paris, Gallimard

Press J. (2019), Psychanalyse et crise environnementale ; in : Magnenat L., *La crise environnementale sur le divan* ; Paris, In Press, pp 261-270

Press J. (2019b), *Expériences de l'informe*. Paris, In Press

Roussillon R. (1995), *Logiques et archéologiques du cadre psychanalytique*. Paris, PUF

Roussillon R. (2008a), *Le transitionnel, le sexuel et la réflexivité*, Paris, Dunod

Roussillon R. (2008b), *Le jeu et l'entre-je(u)*, Paris, Presses Universitaires de France

Schwartz G. (2019), *Les amnésiques* ; Paris, Flammarion

Searles H. (1960), *L'environnement non humain* ; Gallimard, Paris, 1986

Sheffer E. (2018), *Les enfants d'Asperger* ; Paris, Flammarion, 2019

Scarfone D. (2020), Trace et transduction ; in : Bombarde O., Neau F., Matha C. (dir.), *Quelques motifs de la psychanalyse*, Paris, Les Belles Lettres, pp 365-378

Simondon G. (1958), *Du mode d'existence des objets techniques*, Paris, Aubier, 1989

Simondon G. (2005), *L'individuation à la lumière des notions de forme et d'information*, Grenoble, Ed. Catherine Millon, 2013

Stiegler B. (1994), *La technique et le temps I : La faute d'Epiméthée.* Paris, Galilée

Vermote R. (2013), Le mode indifférencié du fonctionnement psychique : approche intégrative et implications cliniques ; *Bulletin de la Fédération européenne de psychanalyse*, 67 : 19-31

Vermote R. (2019), *Reading Bion* ; London & New York, Routledge

Virole B. (2011), *La crise de la psychanalyse*, http://www.benoitvirole.com/

Virole B. (2016a), *Théorie des attracteurs psychiques*, http://www.benoitvirole.com/

Virole B. (2016b), *Topique de la complexité*,

http://www.benoitvirole.com/

Virole B. (2019), *Catastrophes de l'Inconscient* ; Pantin, Éditions Baghera

Vuillard E. (2017), *L'ordre du jour* ; Arles, Actes Sud

Winnicott D.W. (1951), Objets transitionnels et phénomènes transitionnels ; in : *De la pédiatrie à la psychanalyse*, Paris, Payot, 1969

Winnicott D.W. (1952), L'angoisse associée à l'insécurité ; in : *De la pédiatrie à la psychanalyse*, Paris, Payot, 1969

Winnicott D.W. (1954), Les aspects métapsychologiques et cliniques de la régression au sein de la situation analytique ; in : *De la pédiatrie à la psychanalyse*, Paris, Payot, 1969

Winnicott D.W. (1989), *Lectures et portraits,* Paris, Gallimard, 1989

Sommaire

Structures éditoriales du groupe L'Harmattan

L'Harmattan Italie
Via degli Artisti, 15
10124 Torino
harmattan.italia@gmail.com

L'Harmattan Hongrie
Kossuth l. u. 14-16.
1053 Budapest
harmattan@harmattan.hu

L'Harmattan Sénégal
10 VDN en face Mermoz
BP 45034 Dakar-Fann
senharmattan@gmail.com

L'Harmattan Cameroun
TSINGA/FECAFOOT
BP 11486 Yaoundé
inkoukam@gmail.com

L'Harmattan Burkina Faso
Achille Somé – tengnule@hotmail.fr

L'Harmattan Guinée
Almamya, rue KA 028 OKB Agency
BP 3470 Conakry
harmattanguinee@yahoo.fr

L'Harmattan RDC
185, avenue Nyangwe
Commune de Lingwala – Kinshasa
matangilamusadila@yahoo.fr

L'Harmattan Congo
67, boulevard Denis-Sassou-N'Guesso
BP 2874 Brazzaville
harmattan.congo@yahoo.fr

L'Harmattan Mali
Sirakoro-Meguetana V31
Bamako
syllaka@yahoo.fr

L'Harmattan Togo
Djidjole – Lomé
Maison Amela
face EPP BATOME
ddamela@aol.com

L'Harmattan Côte d'Ivoire
Résidence Karl – Cité des Arts
Abidjan-Cocody
03 BP 1588 Abidjan
espace_harmattan.ci@hotmail.fr

L'Harmattan Algérie
22, rue Moulay-Mohamed
31000 Oran
info2@harmattan-algerie.com

L'Harmattan Maroc
5, rue Ferrane-Kouicha, Talaâ-Elkbira
Chrableyine, Fès-Médine
30000 Fès
harmattan.maroc@gmail.com

Nos librairies en France

Librairie internationale
16, rue des Écoles – 75005 Paris
librairie.internationale@harmattan.fr
01 40 46 79 11
www.librairieharmattan.com

Lib. sciences humaines & histoire
21, rue des Écoles – 75005 Paris
librairie.sh@harmattan.fr
01 46 34 13 71
www.librairieharmattansh.com

Librairie l'Espace Harmattan
21 bis, rue des Écoles – 75005 Paris
librairie.espace@harmattan.fr
01 43 29 49 42

Lib. Méditerranée & Moyen-Orient
7, rue des Carmes – 75005 Paris
librairie.mediterranee@harmattan.fr
01 43 29 71 15

Librairie Le Lucernaire
53, rue Notre-Dame-des-Champs – 75006 Paris
librairie@lucernaire.fr
01 42 22 67 13